決定版

事業計画がしっかりつくれる本

マーケットリサーチから売上予測、資金調達まで

竹内裕明

かんき出版

まえがき――他人に伝えたい自分の事業への思いを書く

仕事柄、私は「事業計画書を書きたいのですが、どうすればいいのですか」と、よくたずねられます。そのとき、必ず聞き返すことが「何をやりたいのですか」という言葉です。

返ってくる答えにはさまざまなパターンがありますが、一番うれしいのが、「パン屋さんを始めたい」とか「開発してきた成果を製品化したい」というように、やりたいことが決まっている場合です。このような人には、私は、まずはやろうと思っていることをどんな形式でもいいから書いてみることをすすめます。やりたいことが明確な人は書く内容はすでに頭の中にあることが多いからです。

これに対して、「何か事業を始めてみたいので書き方が知りたい」とか、「何を売るかは決まっていないけれど、商売を始めたいのでとりあえず店を借りるための資金計画をつくりたい」というような返答がくると困ってしまいます。これでは行き先や日程、予算の決まっていない旅行の計画書をつくりたいというのと同じです。

行きたい先が決まっていれば、行き方、必要な日数、予算などをどのように組み合わて、あとはどう実現するかを考えるだけです。旅行計画を考えるのがいやな人は行き先を決め、旅行社の用意したパッケージツアーに参加すればいいのです。仕事でいえば、サラリーマンとして自分のやりたいことを実現すればよいのです。

◇「なぜ？」と「根拠は？」を繰り返し問う作業をする

私は起業に関するコンサルティングを仕事にしています。そのため、事業を始めようとする人から個別の相談を受けたり、企業から新規事業のコンサルティングの相談を受けたりしています。一方で、公的助成金の審査員、創業セミナーの講師などもしており、さまざまな立場で毎日のように事業計画書をみています。

事業内容の説明を受けたり、事業計画書を読んだときに「何をやりたいの？」「実現できるの？」と感じることがしばしばあります。というのも、ほとんどの場合、事業計画書の形にこだわりすぎていて、中身について十分に考えられていないことがわかるからです。

事業計画書は、事業を行うにあたって不足するものを補充するためのものです。この観点から本書では、①事業について自分自身が何をどのように考えているかを整理し、事業化のためのダンドリを考える、②仕事として成り立つのかどうかを考え、事業を立ち上げるためのふんぎりをつける、③それを事業計画書に落とし込み、実現に向けて効果的に活動していくという段階を踏んで、どのように事業計画書をつくればいいのかを解説しています。

事業計画書づくりでは事業内容をこと細かく検討する必要があります。そのときに、何をどうすればいいのかがわからないという声をよく聞きます。そこで、事業内容を検討するときにつかうさまざまな表を「役立ちシート」として、解説しているページにつけています。しかし、事業計画をつくるだけでは何も始まりません。実際に計画を人に伝え、実現していくことが大切なのです。そこで、相手にどう伝えたらいいのかということで、プレゼンテーションのやり方も取り上げています。

それぞれの章で「なぜ？」、「根拠は？」というように考えを深めていく作業を繰り返し行うことをおすすめします。私のこれまでの経験からいえば、事業を立ち上げたい人に何度も何度も繰り返し事業計画を考えていただいているうちに、当初は気づかなかったビジネスチャンスをみつけ、それを本業として事業を発展させている人が何人もいるからです。

自分にとって最適な事業計画を考え、実現するためにさまざまな角度から考える方法について書きました。それは最終的に事業計画書に記載する内容になります。しっかり考え、本当の意味で「自分の事業計画書」をつくることに挑戦してください。

竹内裕明

２００５年９月

事業計画を実現させる4つのステップ

金銭の計画

- 売上げと売上原価（156ページ）
- 販管費（163ページ）
- 投資（168ページ）
- 資金調達（172ページ）

リスク洗いだし

- 事業のリスク（182ページ）
- 撤退ルール（189ページ）

③ 事業計画書を作成する

- エグゼクティブサマリーをつける（206ページ）
- 相手・目的によって内容を変える（209ページ）

④ プレゼンテーションを行う

プロローグ

事業計画書をつくる前に

CONTENTS

第2章

事業の内容を検討する

CONTENTS

変化に対応できる考え方をする

第3章

事業を取り巻く市場の動きを把握する

第4章

事業の金銭に関する計画をまとめる

ボトルネックの解消が競合相手よりも優位に立たせる

第5章

リスクとコンプライアンスを理解する

第6章 事業計画書をまとめる

第7章 事業計画のプレゼンをする

CONTENTS

プロローグ

事業計画書をつくる前に

1 なぜ事業計画書をつくるのか

自分の考えをまとめるのが事業計画書

独立して新しく事業を始める、会社から新規事業のプロジェクトの責任者を任されたというとき、あなたはまず何から手をつけますか。まさか、いきなり従業員の募集とか、事業で必要になる資金の手当てをしようなどとは考えませんよね。

人材や資金などは、立ち上げようとしている事業の形がはっきりしてきたときに必要になるわけですから、最初から考えてもあまり意味のないものです。多くの人は、これから行うことになる事業の内容を具体的に検討するはずです。

事業内容の検討は多岐にわたります。事業開始までのダンドリはどうするのか、最初はどのくらいの規模で始めるのか、やろうとしている事業の市場規模がどれくらいあって、ライバルにはどんなところがあるのかなど、さまざまな角度から検討することになります。

このときに、頭のなかだけであれこれ考えているだけでは、浮かんでいたアイデアを忘れ

事業計画書は事業計画をまとめたもの

事業計画書でアイデアを整理する

- 事業内容の検討
- マーケットの把握
- ライバル企業
- 必要な資金
- 人　材

……

↓ わかりやすく紙に書く

事業計画書

↓ 気づく、修正する

事業計画書　Ver.2

これを何度も繰り返して新しいバージョンのものをつくる

てしまったり、考えがまとまらないことがあります。そこで、事業をより具体的にイメージするために、考えをまず紙に書いてみる、それが事業計画づくりの第一歩です。

最初に確認しておきたいことがあります。事業計画イコール事業計画書ではないということです。事業計画は自分がどのような事業をやりたいのかをさまざまな方法でイメージし、実現するために形にしていくもので、事業計画書はそれをわかりやすく紙に書いたものです。

事業計画書は事業を成功させるためのツール

事業計画をたてるときに、アイデアを整理するという作業をしっかりしておかないと、何をどうしたいのかが分からなくなったり、やりたいこととやろうとしていることにズレが生じたりします。新たに事業を始めようとする人の話を聞いていると、何をやりたいのかが分からない場合があります。心意気は感じるのですが、「やりたいこと」と「やろうとしていること」にズレがあるのです。それは頭のなかだけで考えているからです。

自分のアイデアを整理するために、まず事業計画を紙に書いてみましょう。こうすることで問題点に気づいたり、新しい事業の核となるものを発見できることがあります。

このような作業を繰り返し行うことで、事業計画をより具体的なものとし、事業を成功に導くのです。事業計画書はそのための重要なツールなのです。

2 事業計画書は誰に対してつくるのか

自分自身と他人にみせるための2つの目的がある

　事業計画書は、事業を始めるにあたって、自分の頭のなかにある事業の中身を整理し、より具体的に把握するためにつくるものです。ですから、事業計画書は誰のためにつくるのかといえば、まずは自分のためにつくるということができます。

　事業を行うにあたっては、①人、②モノ、③金、④情報といった経営資源が必要になります。事業を始めるときに、そうしたものをすべて自分で調達できればいいのですが、いい人材が欲しい、資金が不足するので何とかしたいということがあるでしょう。

　そうした経営資源を調達するために、事業のために力になってくれる人や企業に対して自分の気持ちを的確に伝えることが必要になります。したがって、事業に協力してほしい人に対しても、事業計画書をつくります。

　つまり、事業計画書は自分のためにつくるのと、他人にみせるためにつくるという2つの目的があるのです。

みせる相手によって事業計画書の中身を変える

ここで考えてみてください。自分のためにつくる事業計画書と、人に見せるための事業計画書は同じものでいいのでしょうか。

はっきりいって、まったく違うものであるべきはずのものです。

この2つは日記と手紙の違いだと思ってください。同じ出来事を書くにしても、日記には他人にはみせられないことでも克明に記録しますが、手紙には他人に伝えたい思いだけをつづるはずです。それも、手紙ではだす相手によって書く内容も違ってくるでしょう。

事業計画書はこれと同じです。自分のためにつくる事業計画書は、人にみせられないことまで踏み込んでつくります。しかし、他人にみせるための事業計画書は、自分のためにつくった事業計画書のなかから、みせる相手によって内容を変えてつくります。

自分はすべてを把握していなければなりませんが、相手にはすべてをみせる必要はありません。相手が必要とすることについて、わかりやすく、かつ必要なことがきちんと網羅されていることが求められます。

たとえば、出資を依頼するとしたら、「あなたの出資に対して3年後からはこれだけ配当

事業計画書には2つの目的がある

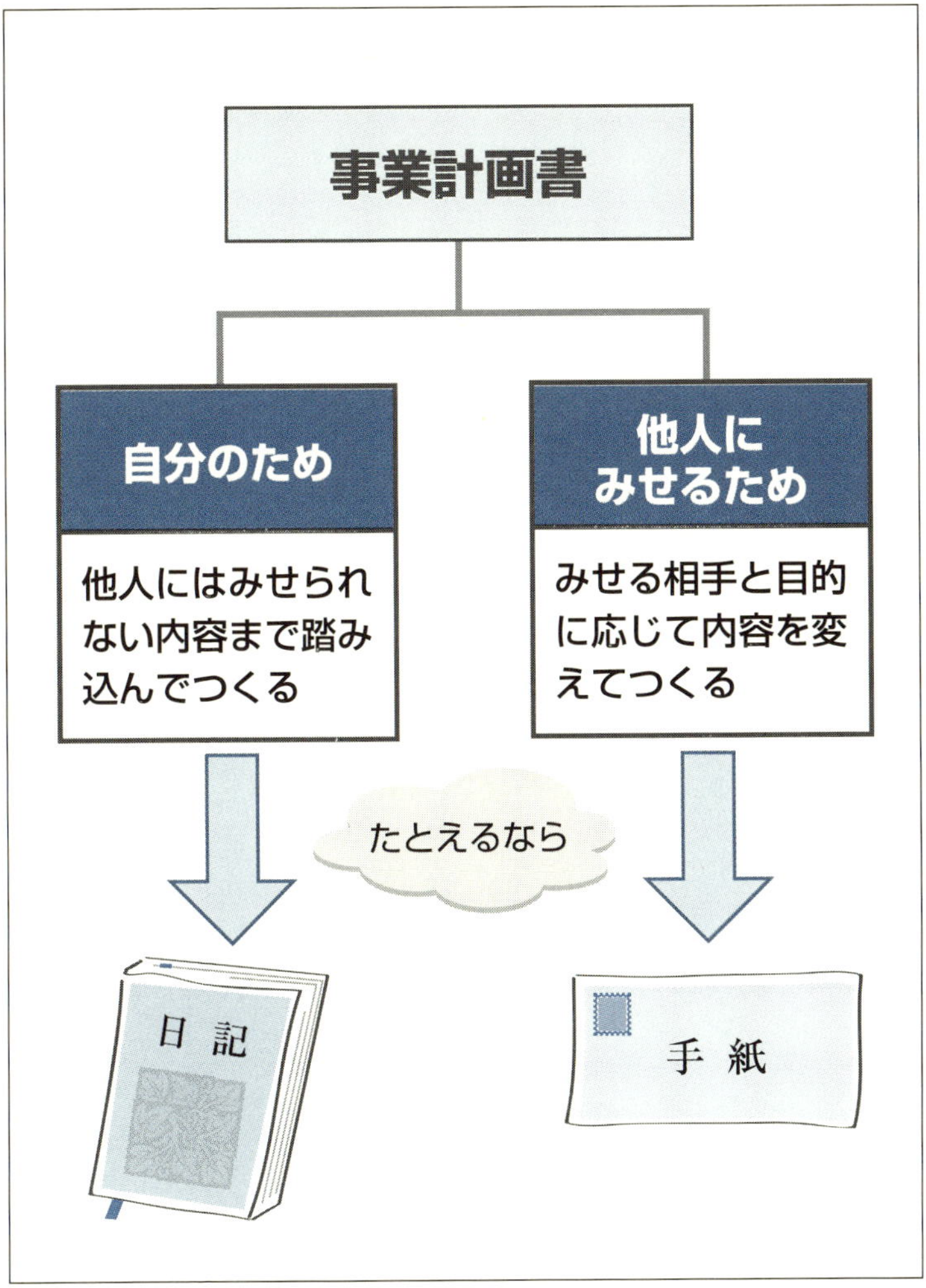

を予定しています」ということを事業計画書で書けばいいのであって、「本社は通勤が便利な場所において、20歳代の第二新卒を何人採用して」ということをくどくどと書く必要はないのです。

同じものの使い回しでは相手の心に訴えることができない

会社でレポートを書くときも同じだと思うのですが、1つのことを書くときにはその材料となるものをたくさん集めます。その中から、求められることがらを抜き出してレポートに書くはずです。

それを上司に出すときと、社内報などに掲載するときでは、同じ内容ではなくて、変えて書きますよね。自分が集めた材料は同じでも、みせる相手によって中身を編集し直して、その相手にあった内容にするでしょう。

事業計画書も同じことです。自分用の事業計画書をつくったら、相手にみせるときはそれを編集し、必要最低限の情報にして、相手にあった事業計画書をつくります。

よく、事業計画書を1種類だけつくり、人材を補充するときにも、お金を調達するときにも使い回しをしている人がいます。これでは、相手の心に訴えるような事業計画書はできません。

3

事業計画書でなにを伝えるのか

手助けしてもらいたいことを訴える

自分の事業について熱弁をふるわれると、その人の事業に対する思い入れは伝わってきます。しかし、よくありがちなことなのですが、一生懸命しゃべっていても、まったく要領を得なくて、なにをいっているのかがわからない人がいます。

なぜそうなるのかというと、事業計画をきちんと立てずに、思いついたことをそのまま口にだしているからです。

それを、聞く相手にも分かるように、理論立てて話すことができるようにするのが「事業計画」づくりです。そして、事業計画をチェックできるように目にみえるようにするのが「事業計画書」ということになります。

事業を行おうとするときに、すべて自分の力だけでできるのであれば、事業計画書をつくって相手に伝える必要はありません。ところが、自分ひとりではできないことがあるから、事業計画書で相手に伝えたいのです。

つまり、資金が足りないから「お金を貸して欲しい」とか、製造設備を持っていないので「生産を引き受けて欲しい」というように、事業を成功させるために手助けしてもらいたいことを、事業計画書で伝えるわけです。

手助けしてもらいたいことは、簡単にいえば、「人」「モノ」「金」「情報」という経営資源についてです。これを補充するための事業計画書ですから、それを求める相手に思いが伝わるように書く必要があります。

手助けしてもらいたい経営資源によって複数つくる

よく、「どこどこのビジネスプランコンテストで金賞をとったのでみてください」といわれることがあります。でも、私はこういうものはみる気がしません。

なぜなら、この事業計画書はコンテストの審査員のためにつくったものだからです。私がみたいと思うのは、私に宛てた手紙のように、ほかの誰でもない私のためにつくった事業計画書なのです。

コンテストの審査員のためにつくった事業計画書をみせられても、「おめでとう」としかいう言葉がないのです。同じ事業計画書でも私に対してアドバイスを求めるものであれば、

事業計画書で4つの経営資源を補充する

人

パートナー
従業員

モノ

製造設備
工場
店舗

金

資本金
運転資金

情報

業界情報
市場情報

事業計画書は求める経営資源、
相手に応じて内容を変える

それは違うものとなるはずです。そうでなければ、私はみたいとは思いません。

しかし、勘違いしている人が多くて、それをそのままコピーして、お金を補充するための、あるいは人を補充するための、事業計画書として使っていることが多いのです。

コンテストで金賞を受賞した事業計画書を持っていって、資金の調達をしようとしても、思いが的確に相手に伝わらないので、出資しようとか、貸しだそうという考えには結びつきにくいでしょう。

事業計画書は1種類だけつくればいいというものではありません。足りない経営資源を補充するためにつくるのが事業計画書ですから、人を補充したいとき、モノを補充したいとき、お金を補充したいとき、情報を補充したいときでは、それに応じた事業計画書をつくることが必要です。

もっといえば、お金を補充するという目的は同じでも、A社とB社の2社に話そうというのであれば、それぞれの会社に応じて内容を編集した2種類の事業計画書をつくるというのが理想です。こうすることで、より具体的に思いを訴えることができるのです。

伝えたい内容は6W2Hでまとめる

ここで、何を伝えるのかを整理してみましょう。そのときに利用するのが6W2Hです。

役立ちシート　相手に伝える6W2H

WHO	誰が	私が
WHY	なぜ	なぜこの事業をするのか なぜこの計画書を書くのか なぜ読んで欲しいのか
WHAT	何を	会社について 事業について 製品について
WHEN	いつ	いつ始めるのか いつまで結論をだすのか
WHOM	誰に対して	顧客は誰なのか
WHERE	どこで	市場の場所
HOW	どのように	どのようなビジネスモデルか どのように儲けるのか
HOW MUCH	いくら	いくら儲かるのか いくらコストがかかるのか

6W2Hとは、①WHO、②WHY、③WHAT、④WHEN、⑤WHOM、⑥WHERE、⑦HOW、⑧HOW MUCHの頭文字をとったものです。

学校では、作文を書くときに5W1Hをきちんと入れるように教えられますが、あれと同じことです。違うのは、作文ではなくて事業計画書だということで、少し違っているだけなのです。

事業計画書で相手に伝えたいことは、WHO（誰が＝私が）、WHY（なぜ＝なぜ事業を行うのか）、WHAT（何を＝事業について）、WHEN（いつ＝いつ始めるのか）、WHOM（誰に対して＝助けてもらいたい人に）、WHERE（どこで＝市場の場所）、HOW（どのように＝ビジネスのしくみ）、HOW MUCH（いくら＝儲けや立ち上げ資金など）ということです。

この6W2Hがはっきりとわかるように、事業計画書をつくります。そして、伝えたい相手によって、6W2Hの内容が少し違ってくるのです。

事業計画書づくりとは、自分の考えを整理して、自分が効率的に行動する計画をつくるものです。そのうえで、足りない経営資源を他人から借りたり、もらったりして、自分の経営資源として活用し、事業として成り立たせるための計画ということになります。それを相手にきちんと伝えることができるようにつくることが大切です。

4

事業計画書に欠かせないのが時間と理念

時間の観念を入れないといつまでも事業は始まらない

事業計画の大事な要素には、事業の全体の構想（グランドデザイン）と事業の仕組みがあります。しかし、これだけでいいのかというと、そうではありません。もう1つの大事な要素に「いつまでに何を行うか」という時間の視点も必要です。案外、これが抜け落ちている事業計画書が多く見受けられます。

時間というのはスケジュールのことです。事業計画書には、よく「3ヵ月後に会社を設立する」と書いてあることがあります。その事業計画書をみせられてから3ヵ月後に会社が設立されているのかというとまだできていなくて、事業計画書にはいつまでたっても3ヵ月後に会社を設立するとなっていたりします。

これでは時期が明示されていないので、時間が書いてあるとはいえません。時間を書くというのは、何月何日に会社を設立すると書くということです。また、日時をはっきりと書かないかぎり、設立準備はできないはずです。

日時をはっきりと決めないと、事業は具体的に進まないものです。

会社を設立するときには法務局に行って登記をしますが、いつ設立するのかが決まっていなければ、登記をすることができません。また、お店をオープンする日にちが決まっていないかぎり、商品の仕入れ交渉はできません。これをあいまいなままにしておくから、いつまでたっても「事業計画書」のまま時が過ぎていくのです。

そして、事業を開始したあとの仕事についても、こんどは売上げや利益、あるいは人員などについて、同じように計画をつくる必要があります。

事業計画とは、こうした時間をはっきりと決めることでもあるのです。いついつまでに何をやるのかをきちんと決めないかぎり、「計画書」としては成り立たないのです。

事業計画をつくるときに、大事なものがもう1つあります。それは「理念」です。詳しくは197ページで述べますが、事業を継続していくためには儲けることはとても大切です。しかし、事業を行っていけるのは社会があってこそのものです。

その社会に対して、私（会社）はこうありたいという経営理念を持って事業を行うのですよと、事業計画書ではっきりと相手に伝えることができれば、それに共感できる相手は経営資源の提供を快く賛同してくれるはずです。

事業計画を実現させるには2大要素が必要

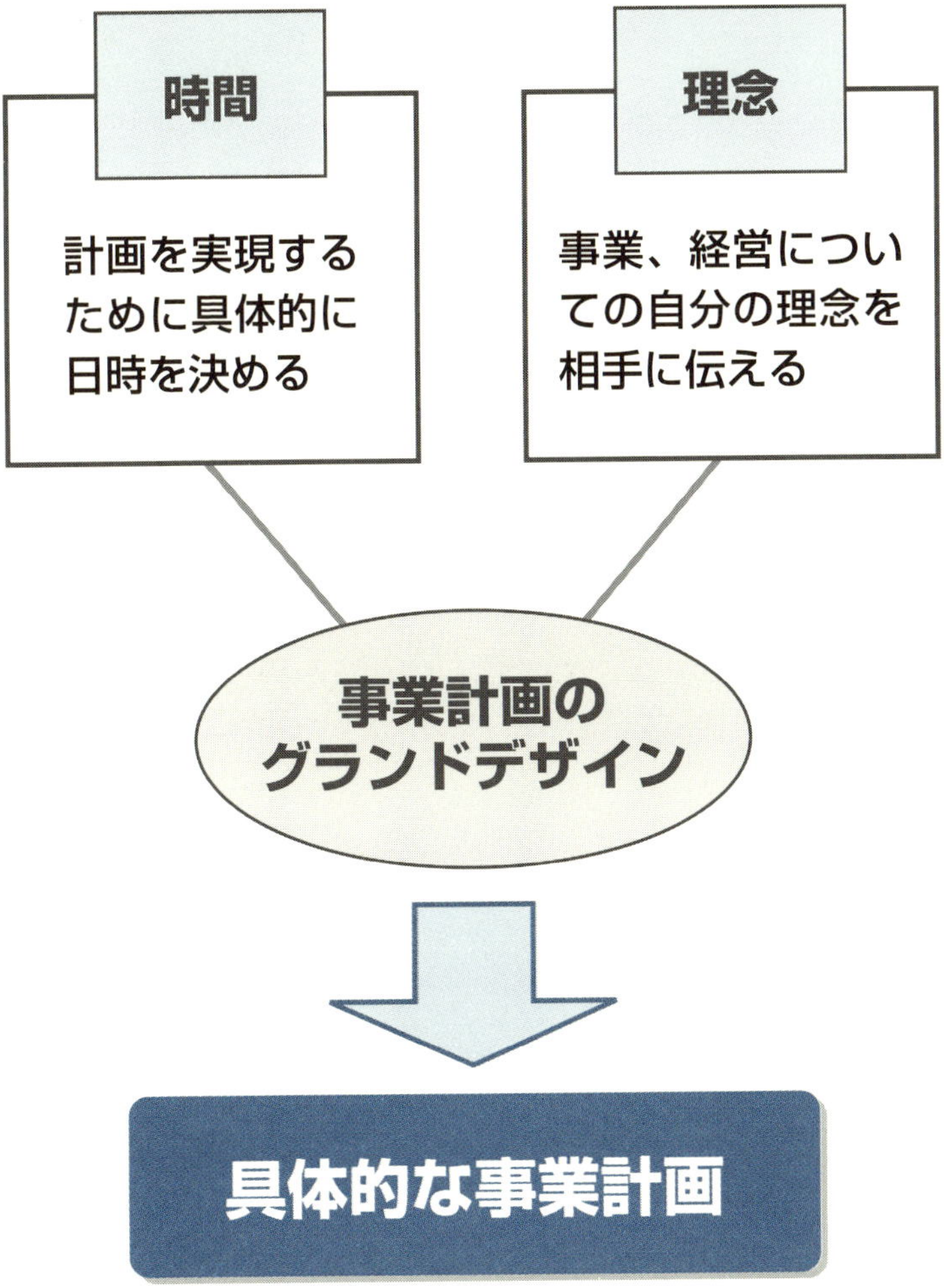
時間
計画を実現するために具体的に日時を決める
理念
事業、経営についての自分の理念を相手に伝える
事業計画のグランドデザイン
具体的な事業計画

第 1 章

事業開始までのダンドリを知っておく

1

事業のためにすべきことのリストをつくる

リストにはあらゆることを網羅する

新しく事業を行おうとするときには、やらなければならないことが山ほどあります。まず、いつから事業をスタートさせるのか、立ち上げの日を決めます。その日をここではXデーとしましょう。

そうしたらXデーまでにやるべきことができてきます。事業を会社組織で行うとしたら会社を設立しなければなりませんし、資本金の出資者も集めなければなりません。また、仕入先や販路の確保、場合によっては許認可の取得も必要になります。

細かなことでは、事務所の場所はどこにするのか、事務所で使う机や椅子、電話、パソコンなどの手配はどうするのか、なども決めておく必要があります。

こうしたことがきちんとできていないと、いざスタートするというときになって、トラブルに直面することになったり、スタートそのものができなくなる可能性もあります。

そこで、何をいつまでに行うのかというリストをつくります。このリストには思いつくことすべてを書きだします。書きだすことによって、足りないことをみつけるのです。これがリストをつくる最大の目的です。

たとえば、会社名、資本金の調達、仕入先の確保、事務所の場所、什器備品の手配、人の確保など、経営資源に関するすべてのことについて、大きなことから細かなことまで、漏れなくリストアップします。

リストにはこれから手配するものばかりではなく、すでに手配が完了したものも書き入れておきます。こうすることで、事業で必要になることで漏れているものがないかどうかをチェックすることもできるのです。

リストをつくると事業が具体的にみえてくる

リストは43ページの表を参考にしてください。事業計画書はA４判の紙でつくるのが一般的になっています。それにあわせて、ここではA４判の紙でフォーマットをつくるのがいいでしょう。この表には、思いつくことがらをなんでも書いてみてください。

このリストには、たとえば、会社名ならば「情報」の欄に、資本金は「金」の欄に、机や椅子、パソコンは「モノ」の欄、というように書きこんでいきます。そのうえで、それらがどのような現状にあるのかを、1つずつ「手配の状況」の欄でチェックします。もしも机が必要ならば、リストの表の「モノ」の項目で「必要となることがら」に「机」と書き入れ「手配の状況」には「○○商店に発注済み、○月×日納品予定」と書きます。

このリストをつくるうえで大事なことは、とにかく事業で必要になると思われるものはすべて書きだすことです。もしも、A4判の紙1枚で足りなければ2枚、2枚で足りなければ3枚と、どんどん増やしていきましょう。

このリストに書いてあることがXデーまでに全部準備できれば、本当に事業を始めることができるというわけです。

こうしたリストをつくることで、Xデーがより具体的にみえてきます。そして、リストの中のことがらは、Xデーまでにすべきことなのか、それともXデーのあとでやってもいいことかどうかが判断できます。

逆にいえば、リストをつくる作業をしないから、いつから立ち上げるという具体的な話ができないのです。つまり、Xデーまでに何をしたらいいのかがはっきりしないので、Xデーの設定ができなくて、ズルズルと何ヵ月もたってしまうということが起こるのです。

新規事業のために何をすべきかというリストをつくることは、事業計画書を作成する作業の一部でもあるのです。これをきちんと理解しておきましょう。

役立ちシート　必要なことがらリスト

	必要となることがら	手配の状況
人	例）➡開発　○○氏 財務　△△氏	
モノ	例）➡パソコン	例）➡□□ショップ 発注済み
金	例）➡資本金	例）➡×月×日 入金予定
情報	例）➡会社名	

思いついたことは何でも書く

2 自分ができること・できないことを知っておく

身近なところで不足分を補うことができる

事業を行うときに、すべてを1人でやることができないので、事業計画書をつくって足りない経営資源を補充するのですよね。そこでまず最初に、事業を行うにあたってやるべきことをリストアップするわけです。

リストアップはしたものの、自分でできることとできないことがあります。これをきちんと知っておきましょう。たとえば、いまやろうとしている事業は1億円あればできるとします。ところが、事業資金の1億円を集めることができない人が、1億円あればできるというのは、まったく意味のないことです。

これとは反対に、人材が必要だというときに、要件を満たす友人、家族がいるということがあります。友人や家族でも立派な人材ですから、これは計算に入れることができます。

こういうことがあらかじめわかっていると、これから行おうとしている事業が実現可能な

自分でできること・できないことのアプローチ方法

【例】資金調達について

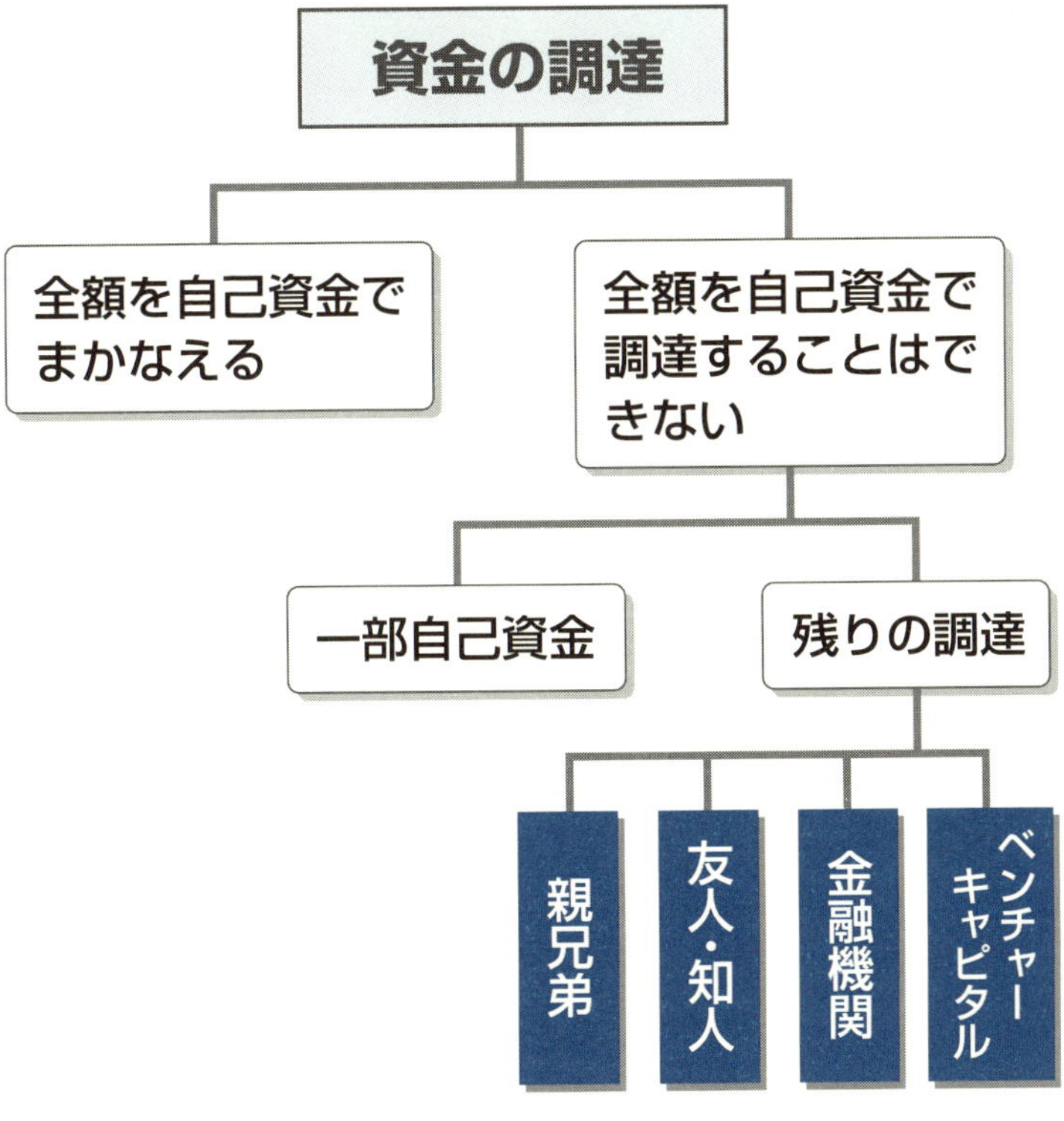

自分でできないならば、どのような解決方法があるのかをリストアップする

ものなのか、そうでないのかについて、現実的な判断を下すことができます。

できること・できないことをすべてリストアップする

何ができて何ができないのか、これをやはり紙に書いていきます。項目は何でもかまいません。経営資源にこだわらないで自分なりの切り口で書きます。足りないこと、できないと嘆いていることがあれば、それを全部書いてみてください。

そのときには足りないもの、できないことを具体的に書くことが大事です。

ものがないとしたら何がないのか、お金がないとしたら何に使うお金がないのかを、具体的に書いてください。具体的に書かないと、解決策をみつけることができません。

たんにお金がないから借りようというは、子どもがこづかいをねだるときと同じです。事業をやるわけですから工夫が必要です。足りないものがわかったら、今度はそれをどうやったら手に入れられるかを工夫します。お店がなかったら、屋台で売るとかクルマで行商するとか、通信販売をするなど、考えられる解決策を考えます。そのうえで解決できないことについて、補充することを考えていくのです。

もしも、起業にあたってこれ以外にも気になることがあれば、それも紙に書きだしてみましょう。そうすることで、何が問題なのかをみつけることができます。

役立ちシート　不足するもの調達方法のリスト

	できないこと 不足するもの	調達の方法、工夫
人		
モノ		
金		
情報		
その他		

3 事業開始までのスケジュールをつくる

積み上げ式でスケジュールをつくらない

事業開始までにやることのリストをつくり、自分ができることとできないことを理解したら、いつまでに何をやればいいのかという大まかな内容がわかってきます。そうしたら、次は事業開始に向けてスケジュール表をつくります。

スケジュールをつくるにあたっては、まず事業を開始する日にち、Xデーを何月何日とはっきりと決めます。

Xデーを決めるときは、1つずつの作業を積み上げていって、それで日にちを決めるやり方はとらないほうがいいでしょう。こうした積み上げ式でXデーを決めると、1つひとつの作業に関して時間をかけすぎるきらいがあります。

たとえば、事務所やお店を借りる交渉と、そこで使う什器備品の手配は同時進行でできるはずなのに、先に事務所やお店を借りる交渉をし、それから什器備品の手配をするというよ

事業開始までのスケジュールを決めておく

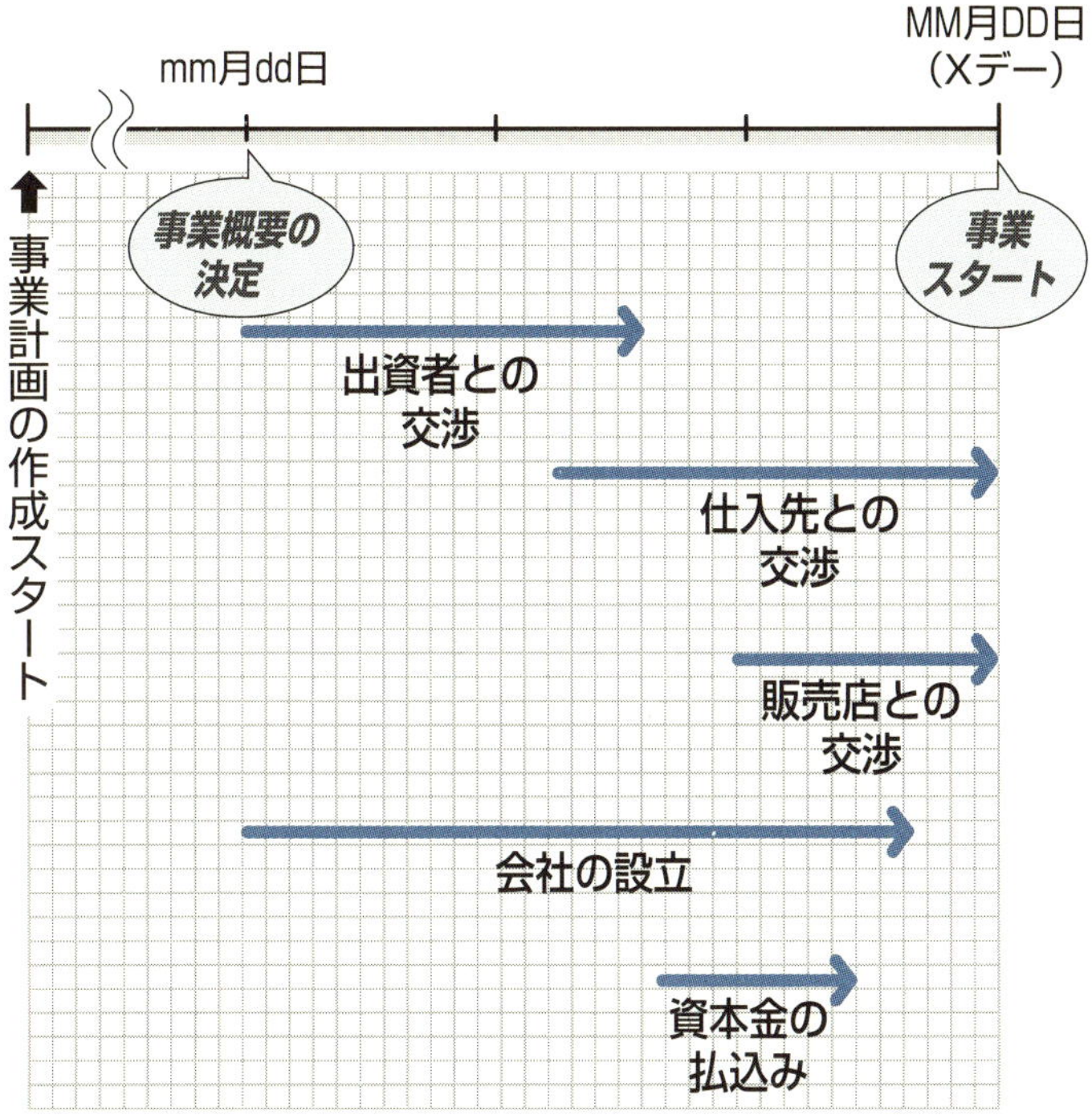

スケジュールは期限を切って具体的に作成する

うになりがちです。

新しく事業を始めるときは、やらなければならないことが山ほどあります。ところが、積み上げ式では事業を始める日にちは何月何日と決まっていないので、作業内容によってはどんどん先に延びてしまいます。そのため、本当は3ヵ月でできるところが、半年以上もかかってしまうことにもなりかねません。

そこで、大まかな内容が把握できたら、まずXデーを先に決めてしまいます。

スケジュールはフレキシブルに変更する

Xデーを何月何日と決めたら、これから逆算して、いつの時期に何を行うのかをスケジューリングします。このときは、作業の内容をみながら、先にやっておかなければならないものは先のほうに、あとにしたほうがいいものはあとのほうにするようにします。

スケジュール表は、半月、または1ヵ月単位でつくり、そこに何をするのかを書き込んでいきます。スケジュールができたからといって、そのとおりにことが運ぶとはかぎりません。前倒しで実行できればいいのですが、何かのトラブルが起こって遅れることがあります。そのときは、フレキシブルにスケジュールの変更をします。そうした進行状況を的確に把握するには、できるだけ短い期間に区切って、スケジュールをつくるほうがいいのです。

4 事業をいつまでにどうするのかをイメージする

事業を始めたあとのありようをイメージする

事業を始めるときには、目先のことにばかり目が向きがちですが、これから始める事業をいついつまでにどうするのか、先のこともイメージしておきたいものです。

事業計画書をつくるときには、3年後、5年後の売上げや利益なども弾きだすので、そこまではちゃんと考えているよというかもしれません。しかし、ここでいうのは中期や長期の計画とは少し違うことです。

事業を始めるときには、個人事業としてやるのか、それとも会社組織としてやるのかをまず考えますよね。これはそのときの自分の考え方で決めることになるでしょう。

そうして、事業がうまくいったとしたら、個人事業で始めた人はこれからも個人事業としてやるのか、それとも会社組織にするのかという問題がでてきます。会社組織で始めたとしても、そのまま優良な中小企業としてやっていくのか、それとももっと大きくして株式を上場するところまでいくのかということができます。

会社の規模を大きくしたいのか、取扱商品を増やしていくのか、仕事の内容をどうするのか、こうしたことを前もってイメージすることが大切です。

壮大でもいいから具体的にイメージする

このときに、漠然としたイメージを持つのではなくて、できるだけ具体的にイメージしてください。たとえば「商品を販売してこの分野でのシェアトップを取り、10年後には年商100億円にする」というようにです。

なお「10年後には汐留の高層ビルに1フロアを借りて、浜離宮に面した窓に社長室をつくり、1日の日程はすべて秘書が取り仕切っている」ということであっても、何もイメージしないよりはいいことです。

というのも、事業をどうするのかをイメージすることは、それを実現したいと考えているからです。自分がイメージしたことを実現するためには、どれだけ仕事をすればいいのかがみえてきます。目標に近づくためにはどれだけ仕事をすることになるのか、そこから逆算することができます。

空を飛びたいと強くイメージし、それに向かって力をつくしたライト兄弟は空を飛ぶこと

事業をどうしたいかをイメージする

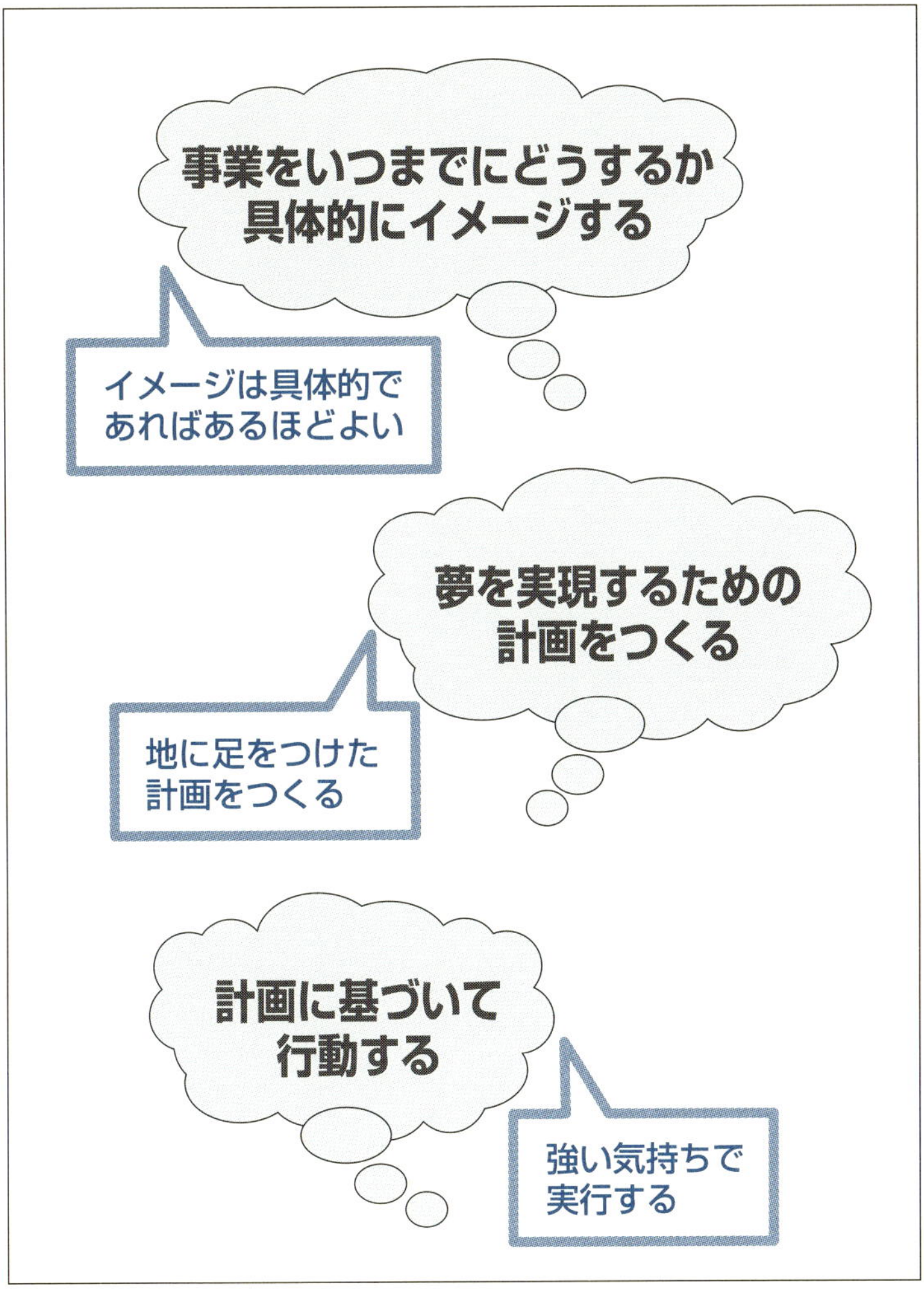
事業をいつまでにどうするか具体的にイメージする
イメージは具体的であればあるほどよい
夢を実現するための計画をつくる
地に足をつけた計画をつくる
計画に基づいて行動する
強い気持ちで実行する

ができましたが、空を飛びたいと強くイメージしなかったら、空は飛べなかったはずです。人は自分がやろうとすることについては、イメージしたことを超えることができません。何もイメージしないのに、その延長線上に成功があるというのは間違いです。

事業を行うのなら、法螺《ほら》に聞こえるほど大きくイメージをふくらませましょう。事業の将来について、具体的にイメージできる人ほど、それに近づくことができます。

イメージを実現するため行動に移す

事業の将来をイメージしたら、その夢を実現するための計画をつくります。事業の長期的な目標ともいえるものです。それを絵にかいた餅《もち》にしないために、その夢に向かって行動することが大切です。

計画をつくっただけで満足していては実現はおぼつかないでしょう。計画を実現するためには行動が必要です。

行動しないのであれば、将来を見据えた計画（イメージ）はつくらないことです。計画は予定通りに実現していくという、強い気持ちで実行にうつしていくことが大事です。この気持ちが事業を成功に導くのです。

5 事業を個人事業でやるのか法人で始めるのか

小さな規模なら個人事業でもできる

事業を個人事業として取り組むのか、それとも会社組織で始めるのかというのは、とても重要です。そのときに判断のポイントになるのは、どの程度の規模の事業を始めるのかということでしょう

これまでのスキルを活かして、ホームページのデザインを受託する、出版プロデューサーを始めるというように、1人でできる範囲のビジネスをやっていくのであれば、個人事業で始めることもいいでしょう。

また、お花屋さんを開業する、ケーキ店を始めるというように、小さなお店をやるのであれば、自分以外には家族の協力やアルバイトなどをつかえば十分に経営できるので、個人事業でもいいでしょう。

事業を始めるときには手持ち資金が必要になるわけですが、多額でなくても始めることが

できて、少ない人数でできるのならば、個人事業として始めることでもいいでしょう。そして、事業が大きくなったら、法人組織に変えていけばいいのです。

企業との取引が主なら法人組織がいい

同じく自分のスキルを活かす場合でも、技術力を活かして製品をつくる、新しいビジネスモデルで事業を始めるというときは、それなりの「人」「モノ」「金」「情報」が必要になります。このようなときは、会社組織で始めるのがいいでしょう。

あるいは、事業の取引先が企業という、「ＢｔｏＢ」（企業間取引）が主体だとしたら、会社組織にすることが必須です。会社によっては、個人事業者とは取引をしないと決められているところもあります。

個人事業者はその人の都合によって、いつでもその仕事を廃業することができます。ところが、会社組織はもともと存続することが前提で設立されています。そのため、赤字を垂れ流しているという状態でなければ、安心して取引ができます。そこで、大会社などは取引先は法人とかぎっている場合が多いのです。

こうしたことも考えに入れて、最終的に自分のやりたいことを実現するためには、個人事業で始めるのがいいのか、会社組織にしたほうがいいのかを決めるのがいいでしょう。

個人事業と法人組織のどちらを選ぶか

個人事業
- 取引相手が個人
- 小資本で開業できる
- 小規模な事業である
- 少人数でできる事業

法人組織
- 取引相手が企業
- 一定程度の資本が必要
- 人数がある程度必要
- 将来上場したい

！ まず個人事業として始めてから会社組織にする方法もある

第 2 章

事業の内容を検討する

1

事業を行う目的を明確にする

思惑だけで事業を始めると失敗する

あなたは何のために事業をやるのですか。お金儲けがしたいというのは、動機としてはあってもいいでしょう。しかし、儲かりそうだという情報によって事業を始めようとするのならば、やめたほうがいいでしょう。

介護保険制度が導入されたときに、儲かりそうだからということで介護関連ビジネスを始める人が相次ぎました。本当に好きでもないのに、儲かりそうだという思惑だけで事業を始めたのです。その結果どうなったかというと、多くの人は失敗しました。

新聞やテレビなどで、これからこんな商売が伸びそうだと取り上げることがあります。こうした情報を目にして、その商売を手がければ儲かると思うのは、あなた1人ではありません。目端の利く人はもっと早く手がけていますし、遅れまいと参入する人も数多くいます。

そうした市場に、ただ「儲かりそうだから」といって、押っ取り刀で駆けつけても、後発になるわけですから成功するのは至難の業です。はっきりいってやめておいたほうがいいでしょう。

事業を行うのだから、儲けることは大事です。しかし、それを優先順位の一番最初におくと、「儲かりそうだから」といって、成功もおぼつかない事業に手を染めることにもなりかねません。

それよりは「これまで世の中になかった商品（サービス）を開発したから提供したい」「これまでの自分の人生経験で不満を持っていたことが解決できるのでやっていきたい」「自分はこの仕事が好きだから」というように、事業を行うためのはっきりとした目的を持って取り組むことが大事です。

事業の新規性よりもはっきりした目的をもつ

こういうと、事業を始めるにはこれまでと違う商品を開発したり、新しいビジネスモデルをつくりあげなければならないのかというと、そういうことではありません。

たしかに、これまでにないような商品を開発する、これまでになかったようなビジネスモデルをつくることに成功したので、事業を始めるということはあります。しかし、新しいことばかり追いかけていても、新しいものをつくりだすことはできないのです。

一見、まったく新しいもののようにみえるものでも、実は技術的にはまったく新しいものとはいえないものがほとんどです。

宇宙開発の専門家に話を聞く機会があり、そのときに興味深い話を聞きました。ロケットや宇宙ステーションには最先端の技術や装置は意外とつかわれていなくて、それよりも信頼性の高いものがつかわれているというのです。人を宇宙に運び、そこで生活させて、確実に地球に戻すことが要求されるのです。最先端の技術よりも信頼性に重きを置くのも理解できるというものです。先端技術の象徴的な宇宙開発分野でもこのように考えられているのです。また、太陽光発電の開発では、発電効率をたったの1パーセントよくするためには、まったく新しい技術を開発するのと同じような技術開発が必要なのだといいます。

ほかの事業でも同じことで、ほんの少しの違いであっても、それを事業として実現できれば、それはとてもすばらしいことなのです。

あなたがやろうとしていることが、たとえ新しい商品やサービスを開発することでなくてもいいのです。いわゆるベンチャー企業のように急成長するものでなくても、問題はありません。たとえば、自然保護や介護サービスのような社会に貢献していきたいという大きな目的があるのであれば、それを実現することがすばらしいことなのです。そのための事業計画をつくり、それを実現できる法人形態や組織づくりをめざせばいいのです。

あなたが事業を行うことの必然性を判断する

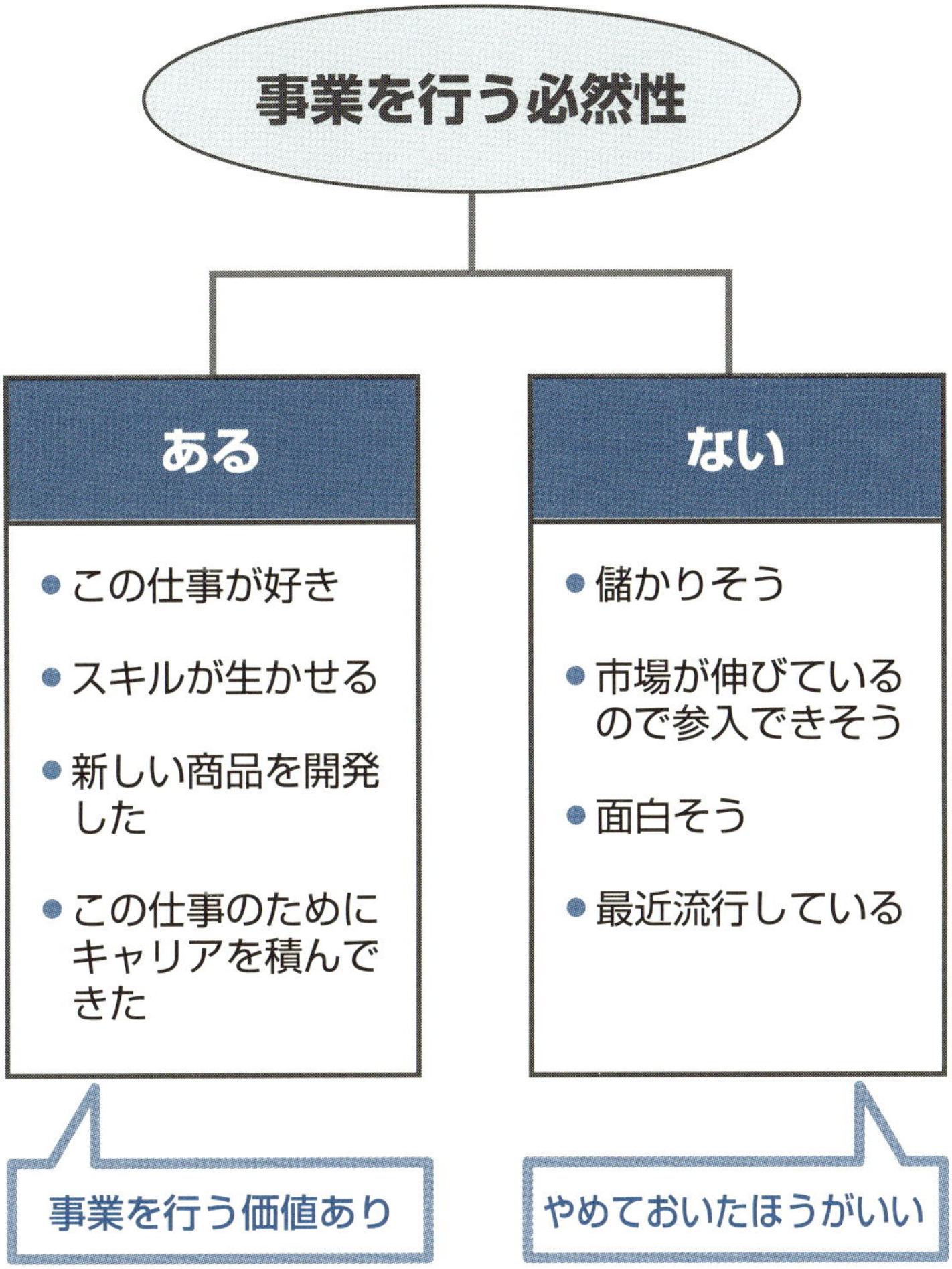
事業を行う必然性
ある
この仕事が好き
スキルが生かせる
新しい商品を開発した
この仕事のためにキャリアを積んできた
ない
儲かりそう
市場が伸びているので参入できそう
面白そう
最近流行している
事業を行う価値あり
やめておいたほうがいい

古くからあって、世の中で広く親しまれている商売だとしても、自分なりのちょっとした工夫をいかして「自分なりのエコロジーなやり方を世の中に広めたい」というような、はっきりとした目的があれば、それに向かって進むことができるでしょう。要は、目的をはっきりさせることが大事なのです。

事業を行う目的を紙に書きだす

事業の目的をはっきりさせるためにも、その理由を紙に書きだしてみましょう。それによって、自分は何をやりたいのかをはっきりさせます。なぜ起業するのか、なぜ新規事業を立ち上げるのかを書くのであって、起業すること、事業を始めることが目的ではありません。これを勘違いしないでください。

さらに、その事業を自分がやる必然性はあるのかどうかを書きだします。目的がはっきりしていないような事業の場合は、ここで突き詰めていくと、自分がやる必然性がなかったりします。

このように、事業を行う目的と、必然性を確認したうえで、事業は自分の意志で始めるのだという気持ちを強く持つことが大切です。そうすれば、失敗することも少なくなりますし、失敗しても後悔はしないでしょう。

役立ちシート 事業の目的・必然性を書く

「どのような」 事業を行うのか	
事業を行う **「目的」**は何か	
この事業を行う **「必然性」**はあるのか	

起業することや新規事業を立ち上げることが目的ではないことを知っておく

2 自分のプロフィールをつくる

自分のこれまでの経験を客観的にみる

プロフィールをつくるというと、履歴書をつくればいいのかと思われるかもしれませんね。いつ、どこで生まれ、最終学歴はどうで、職歴はどうだと書くのが履歴書です。それも必要ですが、ここではなぜ事業をやるのかを、自分のこれまでの経験に照らし合わせて、自分を客観的にみるのがプロフィールです。

何か事業を行うときに、それが本当に自分がやりたいことなのかどうか、あるいはそれがこれまでの自分の経験や能力をいかすことができるのかどうか、これをきちんと見極めないと成功はおぼつかないでしょう。

たとえば、ラーメン屋を開業したい人がいるとします。

子どものころからラーメンが好きで自分でお店を持つことにあこがれ、学校を卒業してからしばらくはサラリーマンをしていたが、それは開業資金を集めるためだったということな

役立ちシート　プロフィールを整理する

「何」をやりたいのか	事業を行う目的を書く
「なぜ」やりたいのか	理由を書く
「きっかけ」は何か	動機を書く
その事業を行う「スキル」「経験」「優位性」はあるのか	これまでの経験に基づく成功体験や失敗体験を書く（その仕事に関すること）

①前節で書きだしたことを踏まえてプロフィールをつくる

②これに加えて自分の経歴や略歴などを用意しておく

らば、これはきちんとした目的があるわけで、その人にとっては必然性があります。

これに対して、大学を出た後で食料品を取り扱う商社に就職していたが、ラーメンがブームになっていて儲かりそうだからと、ラーメンのことなどわからないにもかかわらず独立開業してみようというのであれば、その人がやる必要は本当にあるのでしょうか。

その人にとっては、これまでのスキル（技能）に照らし合わせてみても、ラーメン屋をやるための知識や技術があるようにはみえません。つまり、この人にとっては新しく始める事業が、ラーメン屋でなければならない必然性はないといえるでしょう。

たとえば、この人が開店資金を借りようと思い、きちんとした事業計画書を持って銀行や投資家のもとを訪れたとしても、プロフィールをみて2つ、3つ質問をしただけで、相手はその事業計画について疑問に感じることでしょう。

経験や能力から必然性のある事業かどうかをチェック

人間は、これまでの人生においてまったくかかわってこなかったことをやるというのは、難しいものがあります。そういう人が事業計画書をつくってお金を借りようとしても、相手からは「あなたはなぜそれをやるのですか」と尋ねられたら、相手を納得させて融資を受けることができますか。

まず融資を受けることは難しいでしょう。というのも、これまでのスキルがいかせない仕事をすることに加えて、その人がやる必然性がみえないからです。そのような人に、大切なお金は貸せないですよね。

むしろ、専門商社に勤めていたので、輸出入についての専門的な知識があることから、こだわりの食材の輸入を事業としてやるというのであれば、これまでのスキルをいかすことができるので、相手を説得しやすくなります。

あなたが画期的ですばらしいアイデアを思いついたとしましょう。そのアイデアを実現するためには化学の知識が必要なのだが、あなたが大学で学んだのは経済だとしたら、そのアイデアを実現するための能力を身につけるまでに、どれだけの時間がかかりますか。その能力を持つパートナーがいれば話は別ですが、これから勉強してといっているうちに、それよりすばらしいものが大手の会社から製品化されてしまうこともあるのです。

このように、製品化できるかできないか、新しいサービスを提供できるかできないかは、大げさにいうと、その人のこれまでの歴史に負うところが大きいのです。

事業をするにあたって、「あなたが何でそれをやるの?」といわれないためにも、自分のこれまでを振り返って、そのうえでそれが本当に自分がやりたいものなのかどうかを自分でチェックをする、それがプロフィールづくりなのです。

3

事業に必要な経営資源を把握する

まずは経営資源の洗いだしをする

いま持っている人やモノ、金、情報などの経営資源だけで事業を行うことができればいいのですが、そんなことはまずないでしょう。人を補充しなければならない、販路を確保したい、お金を調達しなければならないなど、不足するものがあるからこそ、事業計画書をつくって、足りない経営資源をほかから補充しようとするわけです。

そこで、いま現在持っている経営資源にはどのようなものがあり、足りないのはどのようなものかを、きちんと把握しておく必要があります。それをここでできるだけ洗いだしておきます。この作業をすることで、事業をするためにはどのような経営資源が必要なのかをあらためて確認することができます。

足りない経営資源は何なのかと尋ねると、よく「人」とか「お金」という答えが返ってきます。しかし、これは本当に事業をしようとする人の答えなのでしょうか。

私たちはふだん、「夕食に何を食べたいの？」と聞かれて、「和食」と答えることがあります。和食には「すし」もあれば「天ぷら」もあります。サンマの焼き魚定食でも立派な和食です。何を食べたいのかと聞いた人は、和食という答えを期待したのではなくて、「すし」とか「天ぷら」という具体的な食べ物が聞きたいから聞くわけです。

食べ物の場合は、「和食」の何を食べたいのかを聞き直してくれますが、足りない経営資源を書きだすときに、「人」とか「お金」と書くのはそれだけで事業を本当にやる気があるのかどうかが問われます。

経営資源を補充することの利点と欠点も見極める

本当に事業をしようというのであれば、人が足りないとしたら、「商品の内容を顧客に的確に説明することができる人」とか、「金融機関と対等に渡り合える財務に明るい人」というように、具体的に不足している人（そうした能力を持った人と言い換えてもいいでしょう）を書きだしていきます。

事業に必要な経営資源のうちで、現在はどのようなものがあり、不足しているものは何かを書きだすときには、まず72、73ページのような表をつくるといいでしょう。

この表はタテに「人」「モノ」「金」「情報・技術等」という経営資源の4つの項目を並べ

	不足するものを 補充する工夫	補充することの メリット・デメリット

役立ちシート 経営資源の分析をする

	現在保有するもの	不足するもの
人		
モノ		
金		
情報・技術等		

具体的に内容を書き込んでいく

ています。そして、ヨコには「保有するもの」「不足するもの」「不足するものを補う工夫」外部から「補充することのメリット・デメリット」という項目をもうけています。

このシートは、たんに持っている経営資源と足りないものを書き込んでいくだけのものではありません。いまあるものと足りないものを書くだけのシートでは、ないものはよそから持ってきて補充しようと考えがちです。

それができれば、それでもいいでしょう。しかし、起業をしよう、事業を始めようというときには、不足しているものがあるからといって、かんたんに補充はできないでしょう。そこで、足りないものをどうやったら補うことができるのか、その方法を考えて書くようにします。

さらに、足りない経営資源を外部から補充することによるメリット、デメリットも記入します。たとえば、販路開拓をする人を補充したとしましょう。これによって、販路の開拓をスピーディーに行うことができるというメリットがあります。しかし、人を採用したということは、その人に給料を支払わなければならないし、彼が活動するための什器備品や交通費、通信費も必要になり、固定費が増えるというデメリットも発生します。

メリットの裏側にはデメリットもあります。それを見極めて、それでも補充したほうがいいのか、しないほうがいいのかを、意志決定するためにこのシートをつかうのです。

4 事業の環境を整理して分析する

外部環境をしっかりと把握する

自社の経営資源である「人」「モノ」「金」「情報」があれば、事業は成功するのかというと、そうとはいえません。マーケットの動きや経済状況という「外部環境」によって大きく左右されます。

外部環境をとらえるときには、どうしてもミクロの視点でものごとをとらえがちですが、マクロの視点も必要になります。わかりやすくいえば、自分が取り組もうとしている事業について、大きな目でみたらどうなのか、地域に絞ったらどうなのかというように、いろいろな角度からみていこうということなのです。

たとえば、焼肉店を始めることにしたとします。

このときにまず考えるのは、お店の立地ですね。商店街につくったほうがいいのか、郊外のほうがいいのかから始まって、その町の人口はどのくらいなのか、そこに競合するお店はどのくらいあるのか、お店の前の道路の通行量はどれくらいあるのかということです。これが地域に絞った見方、ミクロの視点です。

もう一方で、焼き肉で使う牛肉は輸入品が多いので、為替によっては仕入コストが変動しますし、ＢＳＥの問題でアメリカからの輸入は途絶えています。いま輸入されている牛肉でも、ＢＳＥに感染した肉牛がみつかれば、その国からの牛肉の輸入はストップされる可能性があります。

また、立地に関しても、大型店の出店や鉄道の新設、幹線道路の整備状況によっては人の流れが変わることがあります。こうした先々の変化も大きな目で、マクロの視点で見ておく必要があります。

実際に、ある有名人がラーメン屋を出店して人気店となっていたのですが、新線の開通で駅がなくなり、人の流れが変わったとたんに客足が途絶えたということもあります。

図形でマーケットのマクロからミクロまで捉える

外部環境をマクロとミクロの視点で捉える試みをするとき、自分がチェックしているかどうかを忘れないために、「○×△□」という４つの図形で考えるといいでしょう。

「○」からは何を思い起こしますか。大きな○からは地球をイメージしますね。○は広がり

事業の外部環境をマクロとミクロの視点でみる

マクロの視点

経済の状況
- 好況か不況か
- 金余りか金不足か

業界の環境
- 新たな規制はあるのか
- 規制が緩和されるのか

行政の動き
- 鉄道の新設
- 道路の整備状況

↕ 両方の視点でみる

ミクロの視点

お店の立地
- 商店街か
- 郊外か
- 競合店はあるのか
- 人通りは？
- 町の人口は？

を持つので、全体像をイメージします。事業を行うときの○はマーケット全体をあらわすものです。これはマクロの視点からみた○です。

ミクロの視点では、焼肉店の立地を考えるとき、○は商圏と考えることができます。半径5キロ以内の○を書くと、このお店の全体の商圏となります。それをもうちょっとブレークダウンしていくと、お店はどこに建っているのかという地図になるわけです。

「×」は線と線の交わりですから、接点のイメージです。同時に、あるものと別のものが接している境界線ともなります。接点には、道路が交わるところ、ネットワークの接点がありますす。また、人と人が接点を持つことで事業を行うわけでもあるのです。境界線という観点からは山脈、河川、国境、海といった目に見えるものがあるばかりでなく、言葉、習慣、文化、法律、宗教など目にみえないものもあります。

お店を始めるとして「×」をみると、お店自体が道路に接していなくては、お客さんとの接点もありません。お店の前の道路も、近くで駅に接している、幹線道路に接しているということがわからなければ、本当に立地がいいのかどうかがわかりません。道路がどこにつながっているのか、商圏全体の中でつながりをみようというのが×のイメージです。

「△」は、一般的にはピラミッドのような階層をあらわします。何層かにわかれているもっとも底辺の層が市場の大きさ、次の層は潜在的な消費者、最上の層が自社製品を購買すると

図形で捉える事業環境

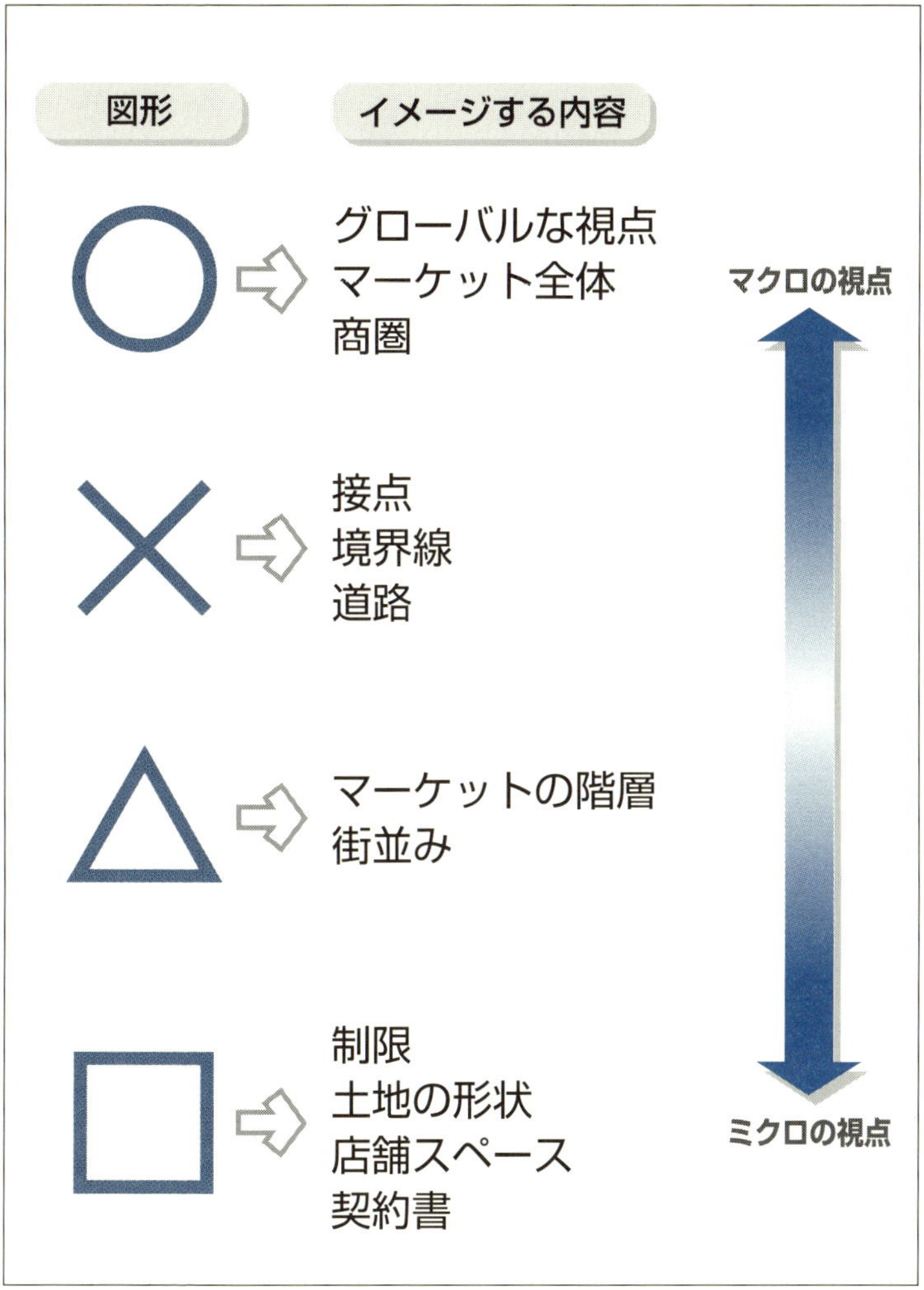
図形
イメージする内容
グローバルな視点
マーケット全体
商圏
接点
境界線
道路
マーケットの階層
街並み
制限
土地の形状
店舗スペース
契約書
マクロの視点
ミクロの視点

思われる層というように、マーケットを階層づけて分析するときにつかわれます。

△にはもう1つの見方もあります。三角形の底辺を手前に、頂点を奥行きとみると、遠近法で描く道路にみえませんか。ある商店街をみるときに、入口にたってみたとすると、商店の業種や並んでいる順番などを分析することができます。そうすると、自分が店を出すとしたら、どこにだすのが効果的なのかということがわかるでしょう。

「□」は枠や箱などかぎられたものを、絞り込んでみるときのものです。土地の形状、お店のスペースや商品の陳列、あるいは契約書や企画書など、まわりには影響を受けない価値観をイメージし、分析するものです。

時間の経過にともなう変化もみていく

○×△□は、全体像、接点、階層、ものそのものをあらわします。これは事業をするにあたり、マクロからミクロまで、せめて4段階くらいでものを考えるための手法です。手がけようとする事業は、およそこの4つの階層で分析できます。

この分析は現在を分析するものです。しかし、時間が経過するにともなって、事業環境は変化します。こうした時間の流れによる将来の変化にも目を向けていくと、いい事業計画書とすることができます。

新規出店を図形で捉えるとこうなる

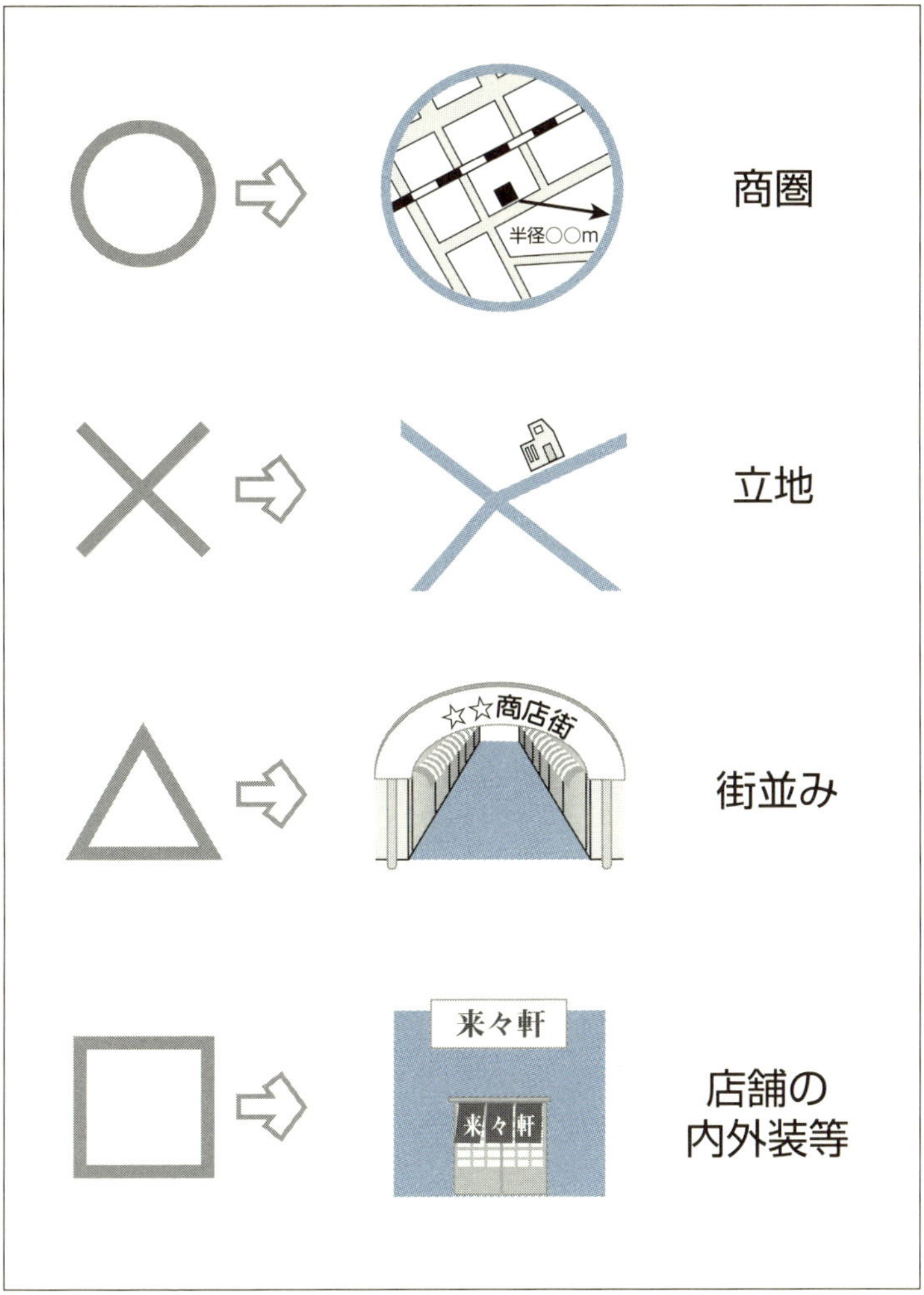

5

事業の戦略を考える

SWOT分析で強みと弱みを分析する

これからやろうとしている事業について、自分にはどのような強みがあるのか、あるいはどのような弱みがあるのかを、ここで分析していきましょう。

これから行おうとする事業の特徴を客観的に把握するためには、ＳＷＯＴ分析という手法を使います。

事業を行うときには、自分の会社の経営資源がどうなっているのかという「内部環境」と、マーケットなどの「外部環境」の2つの要素から影響を受けます。

内部環境には自社が優位性を持つ「強み」とアキレス腱となりうる「弱み」があります。また、外部環境には事業に対する「機会」と「脅威」があります。外部環境の機会に対しては、内部環境の自社の強みをどう活かすのか、同じように、脅威に対しては弱みをどのように克服するのか、それを分析する方法がＳＷＯＴ分析で、マーケティングにおいて戦略を立

SWOT分析のやり方

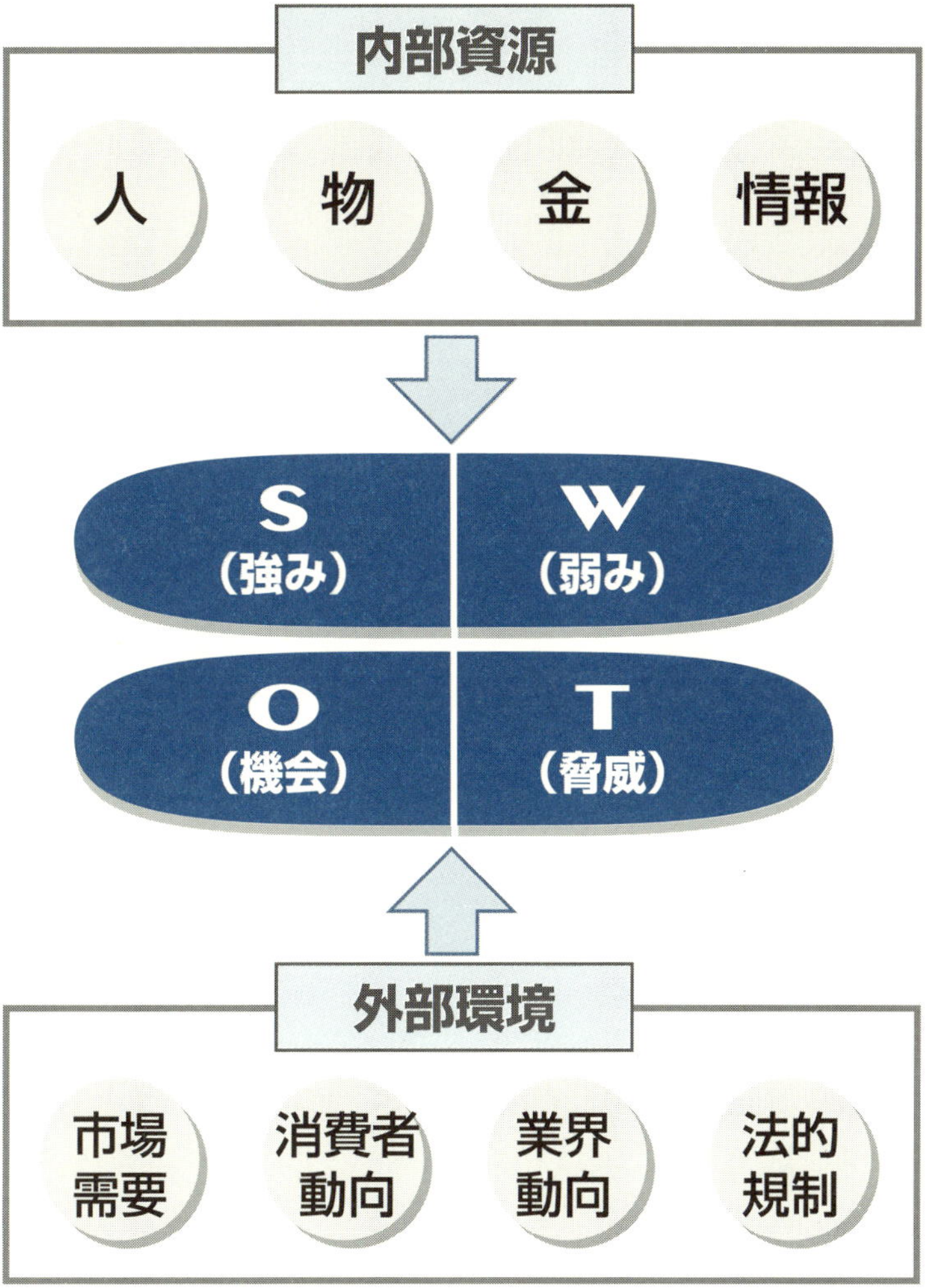
内部資源
人
物
金
情報
S
（強み）
W
（弱み）
O
（機会）
T
（脅威）
外部環境
市場
需要
消費者
動向
業界
動向
法的
規制

てるために利用される手法です。

SWOTとは、強み（Strength）、弱み（Weakness）、機会（Opportunity）、脅威（Threat）の頭文字からとったもので、自社の経営資源の強みと弱みが、外部環境にどのように対応できるのかを分析し、それを知ったうえでうまく経営の舵取りを行おうというものです。

SWOT分析の表には具体的に記入する

SWOT分析をするときは、左ページのようなマトリックス表をつくって、これに該当する内容を書き込んでいきます。

内部環境について分析するときは、自社の強みと弱みを洗い出して明確にします。内部環境とは、言い換えれば自社の経営資源のことです。製品を開発する技術はあるのか、生産設備はあるのか、資金は十分なのか、販売力はあるのか——といったような、いま現在の「強み」と「弱み」を具体的に書きだしていきます。

次に外部環境について分析します。顧客はいるのか、競合相手はどんなところがあるのか、製品は1年間を通じて売れるのか、税金の優遇措置は受けられるのか、工場立地に規制はあるのか、輸出はできるのか、市場には追い風が吹いているのか——自社を取り巻くさまざまな環境から、ビジネス上の「機会」と「脅威」を明確にしていきます。

役立ちシート SWOT分析表

	環境分析 ＼ 内部分析	機会	脅威
	環境分析 ＼ 内部分析	マーケットや競合、規制など「機会」と思われることを書く	マーケットや競合、規制など「脅威」と思われることを書く
強み	自分のことについて「強み」と思うことを書く	自社の強みで取り込むことができる事業機会	自社の強みで取り除くことができる脅威
弱み	自分のことについて「弱み」と思うことを書く	自社の弱みで事業機会を取りこぼさないために何が必要か	脅威となるもので自社の弱みとなるものは何か

思いついたことを何でも書く

ＳＷＯＴ分析のマトリックス表に記入するときも、できるだけ具体的に記入します。たとえば、自社の強みのところに「製造設備がある」と書くのではなくて、「製品を１日２０００個つくることができる製造設備がある」というように書きます。

こうして表に書き込んだら、内側の４つのマスに次のように内容を分析します。

①自社の強みで取り込むことができる事業機会は何か

②自社の強みで取り除くことができる脅威はないか。または、業界にとっては脅威であっても自社の強みで事業機会にすることができることは何か

③自社の弱みで事業機会を取りこぼさないためには何が必要で、何をしたらいいのか

④脅威であって、自社の弱みともなることが、事業を始めるうえで最悪の事態を招かないためにはどうすればいいのか

こうしたことを踏まえて、事業をどのように行うことが、成功させることができるのかを内容を絞って組み立てていきます。

事業計画書を書くときに、ＳＷＯＴ分析の表をそのまま書くというのはあまりに芸がありません。たとえばこの表をもとに、事業計画書で弱みを明らかにして、それにそのように対処していくかということを書いておけば、たんに強みばかりを書いたものと比べて、信頼性の高いものと受けとめられることでしょう。

6 提供する商品やサービスの中身を理解する

事業のコアとなるところをきちんと理解する

あなたは何を商品として売るのか、きちんと知っていますか。

たとえば、あなたは健康食品を売りたいという理由で起業を考えたとします。それでは、健康食品をつくれるかというと、つくれないとします。とすると、あなたの仕事は「健康食品を売る」といったときの「売る」ことです。

あなたが行おうとしている仕事は、ほかから商品を仕入れて、それを消費者にわたすことが、コアな部分となります。これでいいのかどうかを、ここできちんと確認しておく必要があります。

もしも、あなたが健康食品を手がけたいというきっかけとなったのが、体が弱かったのだけれども、健康食品のおかげで健康を取り戻せたので、世の中の人を健康にする仕事をしたいと思ったからということにしましょう。それならば、たしかに健康食品を売るのも1つの考えです。

しかし、健康食品を売るというよりも、ほかの人に「健康」を売る、つまり世の中の人を健康にする仕事のほうが、あなたの考えに近いということができるのではないでしょうか。とすると、健康食品を売るというビジネスモデルと、やりたいことの間には多少のズレがありますよね。

やりたいこととやることのミスマッチを避ける

そうしたら、そのズレはどこにあるのかを考えます。

ほかの人に健康食品を売ることによって、自分は仕事が忙しくなり不健康になるかもしれません。また、健康を売るという観点からすると、健康食品の情報を売るほうがいいということもあります。場合によっては、健康について医師等の免許がいらない範囲で相談にのる「健康食品に関するコンサルタント」のような仕事が向いているかもしれません。

本当にやりたいことと、やろうとしている手段がマッチしているのかをきちんと見極めないと、事業の核となる商品を間違えることにもなりかねないのです。

健康食品という商品ありきで考えるのではなくて、やりたいことを実現するための媒介となる商品の選択をする、これが大事なのです。

事業内容とやりたいことを一致させる

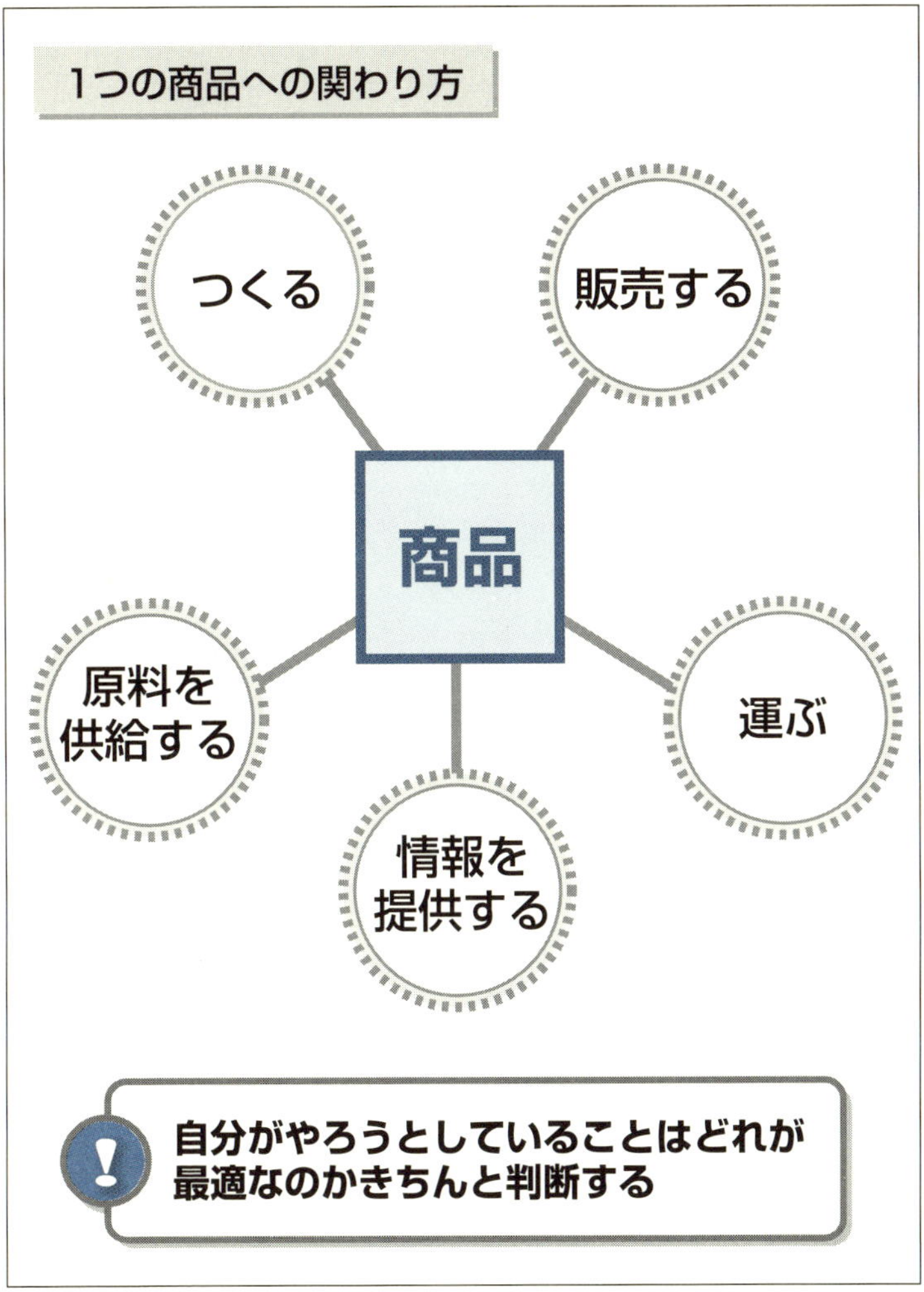

お金になる商品かどうかを見極める

商品というと、どうも形のあるものを思い浮かべることが多いようです。たしかに、スーパーに行けばにんじんやジャガイモ、豚肉、牛肉と形のはっきりした生鮮食品が、売り場にあふれています。たしかにこれは商品です。

ところが、顧客とスーパーに一緒に行き、買うための商品情報をアドバイスすることも、形こそありませんが、立派な商品なのです。

以前、「買ってはいけない」という本がベストセラーになりました。商品に関する情報をもとに、特定の商品を買ってはいけない理由を、情報として提供したのです。善し悪しはおくとして、商品のネガティブな情報を商品として売ったことは画期的でした。

これまで、日本では情報に対してお金を払ってもらいにくい状況でした。しかしながら、最近では「良い医者・悪い医者」のような情報が出版されたり、インターネットや携帯電話で天気予報をはじめとする情報が有料コンテンツとして販売されるなど、ビジネスチャンスが広がり始めました。

ただし、いくら画期的な情報であっても、ユーザーがいなければ商売になりません。起業するときには、その商品がお金になるのかどうかを検証しておくことが重要です。

7 状況の変化によって計画は変更する

時間の経過とともに状況は変化する

これまでに、何のために事業を始めるのか、自分の強みと弱みはどこなのか、必要な経営資源はどれだけあるのかというように、1つひとつ事業の要素を検討してきました。こうしたことをもとに事業計画書をつくるわけですが、時間の経過とともにいろいろな変化が起こってきます。

たとえば、事業に出資する予定だった友人が「振り込め詐欺」に引っかかって出資予定だったお金を失ってしまうとか、仕入先が倒産して商品の仕入れができなくなるということが起こることがあります。

あるいは、パン屋を出店しようとしていた土地の真向かいに同業者が先に開店してしまったり、児童書を中心とした書店を出店しようとしていた隣に風俗店が開店してしまうということもあるでしょう。

状況が変化したにもかかわらず、事業計画書をつくったからといって、そのまま計画をすすめようというのでは、とても成功はおぼつかないでしょう。

出資者が1人減って出資金が少なくなるとしたら、ほかの出資者を募るとか、借入金でまかなうとか、少なくなった資金でできる範囲の事業内容に変更することなどが考えられます。いずれの方法をとっても、そのときには事業計画を大きく見直すことになるでしょう。

変化に対応できる考え方をする

少し横道にそれますが、あなたがベンチャーキャピタルの担当者と話しているとき、「もし、予定通りの資本金が集まらなかったら事業計画はどうしますか。また、何らかの調達方法を考えているのですか」という意地悪な質問を受けることがあります。

これは社長の経営能力をみるための質問です。このときに「足りない分は銀行から借り入れできるように手配していますが、資金使途の性格を考えると、資本金のほうがよいので資本の調達を優先して活動しています」とか、「資金が少ない場合はA事業を優先して立ち上げ、B事業の計画を問題のない範囲で遅らせることで資金繰りは何とかなります」というように答えることができれば、ある意味「合格」でしょう。

はじめの計画ばかりにとらわれず、つねに変化に対応できるような考え方が大切です。

計画はフレキシブルに変更できるようにする

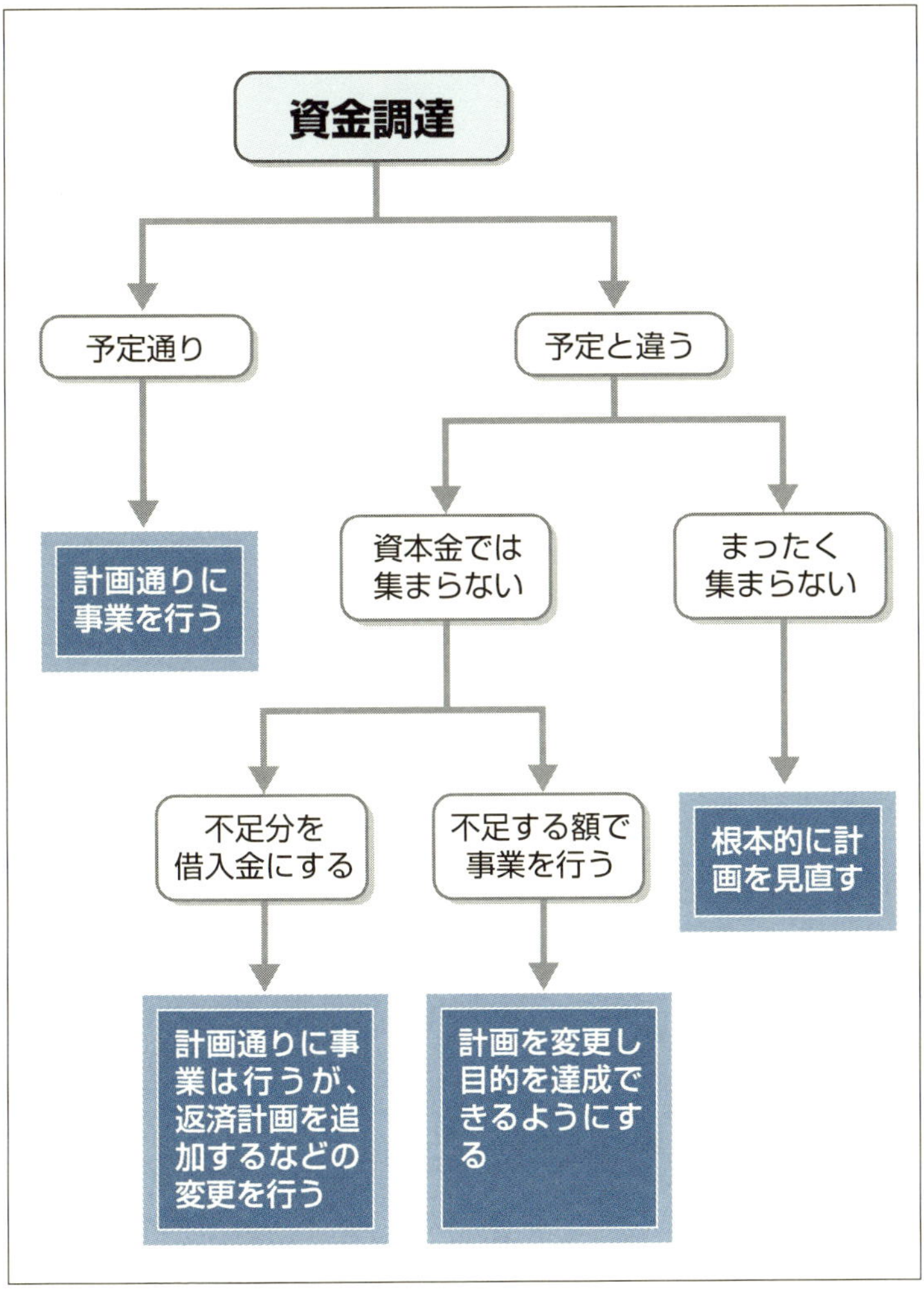

資金調達
予定通り
予定と違う
計画通りに事業を行う
資本金では集まらない
まったく集まらない
不足分を借入金にする
不足する額で事業を行う
根本的に計画を見直す
計画通りに事業は行うが、返済計画を追加するなどの変更を行う
計画を変更し目的を達成できるようにする

第3章

事業を取り巻く市場の動きを把握する

1

ビジネスモデルを整理する

ビジネスモデルはシンプルに考える

自分がやろうとしている事業はどのような仕組みなのか、いわゆるビジネスモデルをきちんと整理しておく必要があります。

ＩＴバブルのころ、新規性の高い事業を行うときに、ほかにまねをされないためにビジネスモデル特許がもてはやされました。そのため、ビジネスモデルというと、何か特別な事業だけでつかわれる言葉と思われるかもしれません。しかしそうではなくて、どのような事業を行って、どこで儲けるのかという、ビジネスの仕組みを示すのがビジネスモデルです。

したがって、どのような事業でもビジネスモデルはあります。ラーメン屋をやろうとしているとしたら「店を構えてラーメンを客に提供して、それによって収益を上げる」というのがビジネスモデルです。

また、今はやりの事業、インターネットのホームページ上で商品を売るとしたら、「イン

複数の事業を行うときは分けて考える

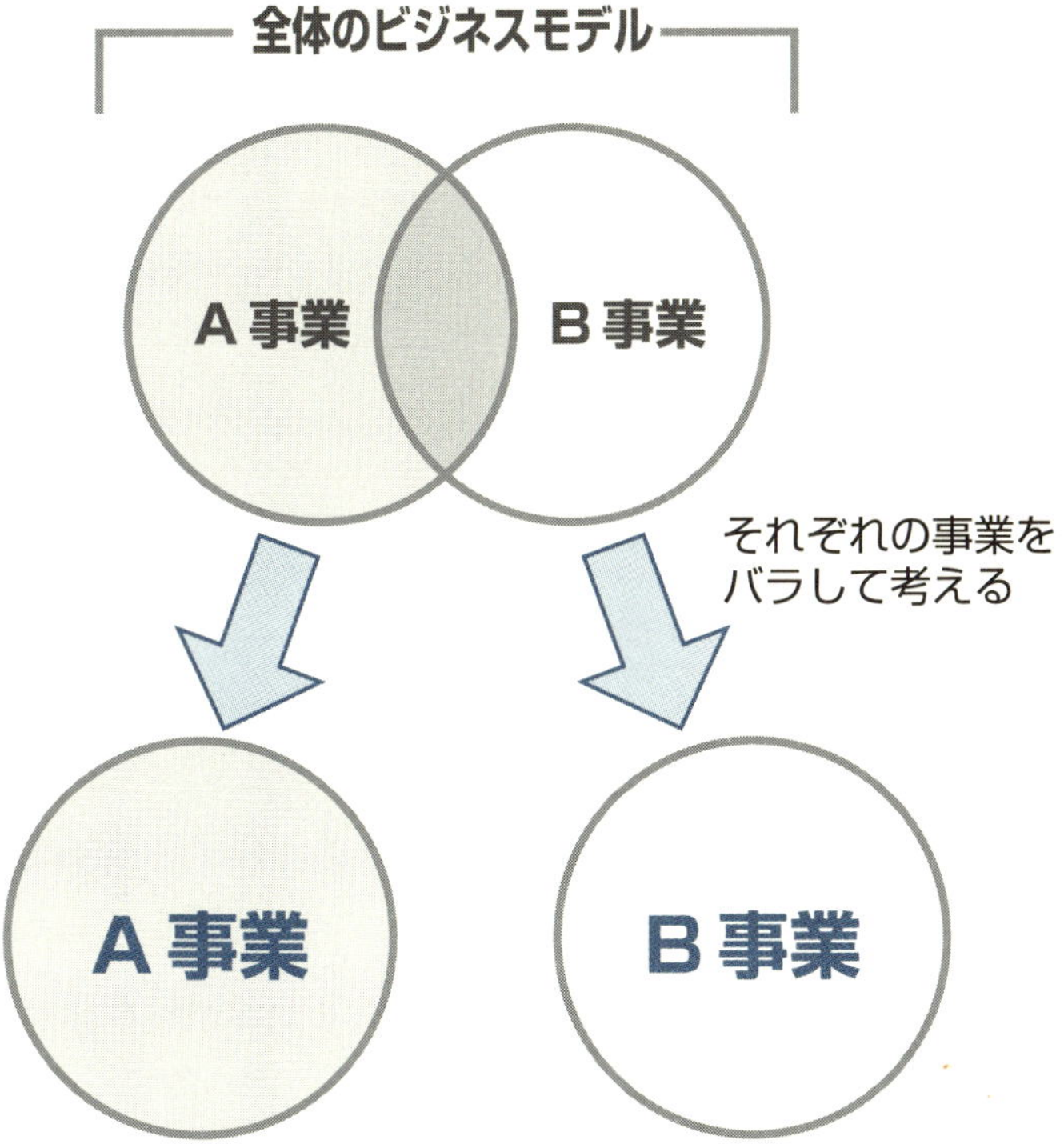

売上げや売上原価、販管費、利益なども
それぞれの事業ごとに計画を作成する

ターネットにホームページを開設して、全世界の消費者を対象に商品を販売し、それで収益を上げる」というビジネスモデルになるわけです。

複数の事業を同時に行うケースもあるでしょう。

たとえば、持ち帰り用のおにぎりを店頭販売すると同時に、おにぎりや甘味を店舗内で食べられる喫茶室を始めたいというようなことがあります。このときのビジネスモデルは、2つの事業を一緒にして組み立てるよりも、それぞれをばらして考えるようにします。

なぜなら、複数の事業を1つの事業として考えると、簡単な事業であっても複雑になってしまいます。そうすると、ビジネスの流れそのものが整理できなくなることがあります。それでは、ビジネスの本当の姿がみえてこなくなる可能性があります。

ビジネスモデルはシンプルに考えたほうがいいのです。この例の場合だと、「店頭で注文を受けてからおにぎりをつくり、持ち帰り用として販売する」ビジネスと、「店内でおにぎりと甘味を客に提供する」ビジネスと、2つに分けて考えます。

複数のビジネスを行うときは、それぞれのビジネスをバラして考えると、ビジネスの流れがはっきりとわかります。2つを同時に行うとすれば、その2つのモデルを合わせ、仕事が重なる部分を1つにまとめればいいのです。さらに、ビジネスモデルがきちんと整理されていると、他人がみてもあなたの事業が理解しやすくなります。

役立ちシート　事業ごとの数字をつくる

A事業（A）

	初年度	2年目	3年目	4年目	5年目
売 上 げ					
売上原価					
販 管 費					
利　　益					

B事業（B）

	初年度	2年目	3年目	4年目	5年目
売 上 げ					
売上原価					
販 管 費					
利　　益					

両事業共通するもの（C）

	初年度	2年目	3年目	4年目	5年目
売上原価					
販 管 費					

事業全体（A+B−C）

	初年度	2年目	3年目	4年目	5年目
売 上 げ					
利　　益					

！ 分けて考えてあとで合わせる

2

マーケットとは何かを理解する

調査資料にある市場規模で判断しない

これまで数多くの事業計画書をみてきて気になることがあります。それは、きちんとマーケットを捉えていないものが多いことです。

たしかに、新聞や調査資料をみてある商品の市場規模は何千億円あるので、このうちの1％をとることができれば売上金額はこれこれになり、利益はこれこれになるという、目安とするようなマーケットの内容は事業計画書に書いてあります。

しかし、私はこれをマーケットとはいいません。

事業をしようという人がマーケットを捉える目的は何でしょうか。自分が供給しようとしているものをどれだけ供給できるかを知るためですよね。だとしたら、新聞などで発表された調査資料を持ちだして、全体の市場規模を知ることが本当にマーケットを知ることになるのかどうか、とても疑問です。

マーケットを知ろうというのならば、その目的をできるだけはっきりさせて、できるだけ取り扱う商品そのものの分野に限定して、調べることが必要なのです。

市場を自分の関係する事業分野に限定する

あなたはスポーツカーの販売をしようとしています。そのときにマーケットの規模を調査するときに、自動車全体のマーケットを対象にしますか。

自動車といっても、トラック、バス、ライトバン、乗用車、ミニバン、軽乗用車など、多くの種類があります。トラック1つとっても、積載重量10トン以上の大型トラックもあれば、積載重量が1トンにも満たない小型トラックまで、これまた多くの種類があります。大きさや種類によって、使用される用途も異なります。

あなたが売りたいのはスポーツカーだとしたら、自動車全体の市場が伸びていようと、減少していようと、あまり関係はないはずです。自動車全体のマーケットがどうであろうとも、スポーツカーという、乗用車のなかでもきわめて趣味性の高い分野のマーケットがどのくらいあって、それで商売ができるのかということがわかればいいわけです。

目的を明確にしてマーケットをみていくと、スポーツカーを買う年齢層はどの年代で、排気量は何リットルのもので、ツーシーターのオープンタイプのものが売れているというように、具体的にわかってきます。そうしたら、それにあわせた品揃えをすることができます。
それに、マーケットを自分の関係する事業分野にできるだけ限定していくと、調査もしやすくて、お金もあまりかけないで調査できるのです。

■限定した市場をみると商売の適不適がわかる

マーケットを調査した結果、スポーツカーを買いたい層は意外に幅広く、新車にこだわらないということがわかったとします。また、スポーツカーを買いたいという人のなかでは、年代物のスポーツカーを好む傾向があるとしたら、当初は新車だけの販売を考えていても、年代物の中古を充実させるほうがいいのかもしれないのです。

目的をはっきりさせてマーケットをみていくことで、副次的に、より適した商売をみつけることができることがあるのです。

むしろ、スポーツカーのマーケットを知りたいのに、自動車全体のマーケットを調べることによって、市場そのものを誤って判断してしまうことになる可能性もあります。

何のためにどういう基準で調べるのかをできるだけ定義していくことで、自分の売りたい商品の市場がどれだけあるのかがはっきりとわかるのです。これをきちんと理解することが大切なのです。

事業におけるマーケットをきちんと把握する

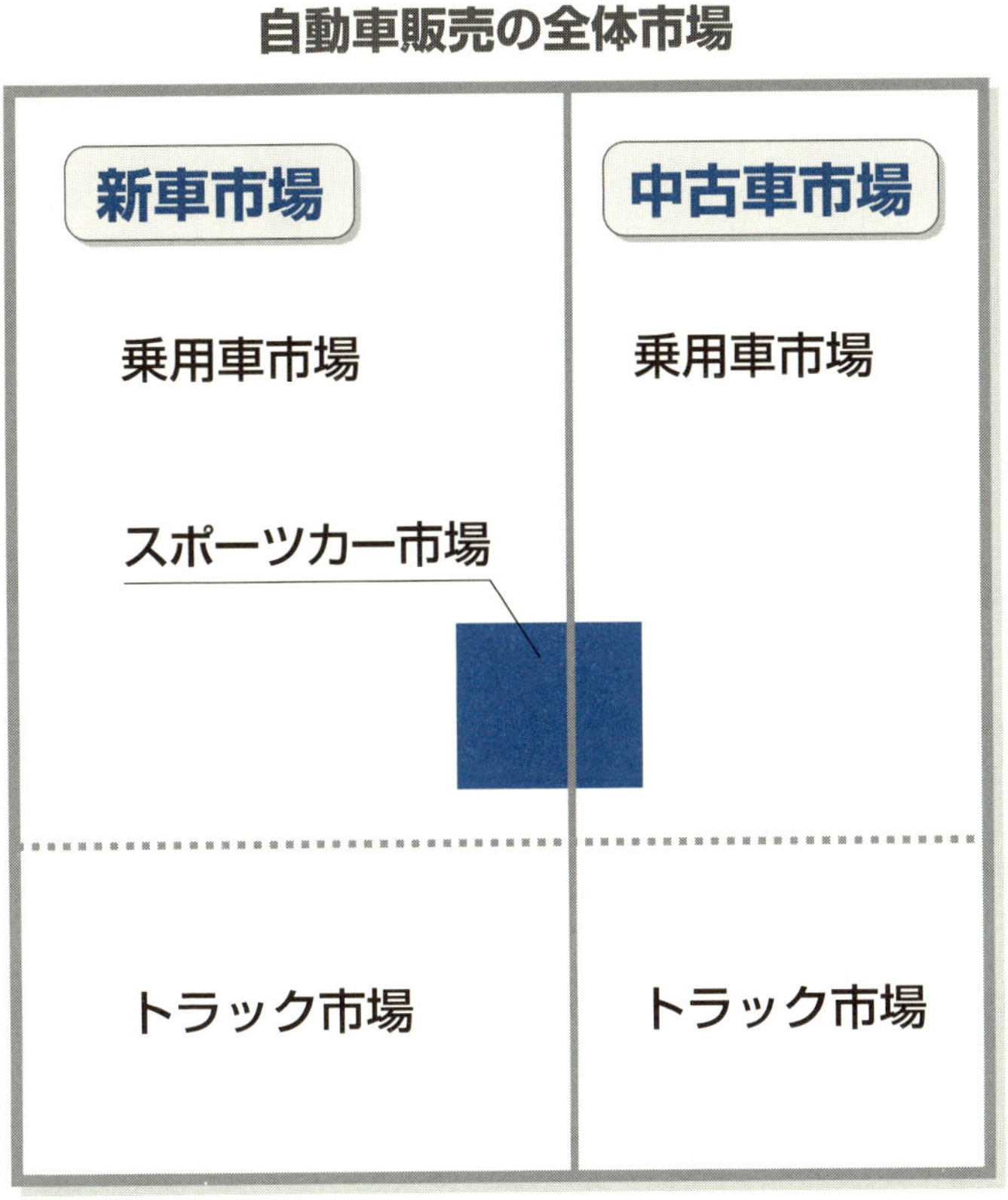

マーケットは自分の事業分野を限定して調査する

3 マーケットの現状と動きを理解する

市場の変化の連鎖をあらかじめ予測しておく

マーケットは絶えず動いています。現状を把握できたとしても、これから先は大きく変化するかもしれません。その変化をきちんとみていくことが大事です。

「風が吹けば桶屋が儲かる」という話があります。この言葉の由来はよく知られるように、1つの出来事が思わぬところに影響を及ぼすということです。

中国から輸入される野菜から高濃度の残留農薬がみつかったことから、スーパーでは中国産の野菜の売れ行きが鈍りました。このままでは中国産の野菜が売れなくなると心配したスーパーが残留農薬の検査を検査機関に発注しました。検査機関では、検査の依頼が多くなり、そのための機器を購入することになり、分析機器メーカーでは機器の売れ行きが伸びて、好決算となっています。「中国野菜から農薬がみつかったら、分析機器メーカーが儲かった」というわけです。

事業はさまざまな関係のなかで成り立っています。そこで、この関係を整理して変化がどのように連鎖するのかを、あらかじめ予測しておくことが大事になります。そうすることで、これから行おうとしている事業の環境変化を予測できる可能性があります。

予測はあくまで「仮説」です。仮説通りに環境の変化が起こるとはかぎりませんが、仮説を立てておくことで、起こった事態にフレキシブルに、そしてスピーディーに対処できることになります。

予測したら仮説を立てて事業計画に反映させる

市場の変化によって事業は何らかの影響を受けることになります。そこで、マーケットが変化したら、自分の事業をどうしたいのかを決めておく必要があります。仮説を経営にいかすというわけです。

仮説を事業計画に反映させることは、根拠のない「勘」による経営とは一線を画すものです。もし、仮説が違ったとしても、それをきちんと検証することで、違ったこと自体が重要な経営情報にもなります。どのような結果になろうとも、新たな事業機会を見いだせる可能性は高くなると考えます。

マーケットの変化には、需要が伸びるときと、減少するときという2つの大きな変化があります。伸びるときはじわじわと伸びていく、爆発的に伸びていくという枝葉があります。減少するときでも、同じようにダラダラと減少していくこともあれば、ぱったりと減少することもあります。こうした枝葉はもっとわかれていくので、それを見込んで仮説を立てていきましょう。

こうした仮説を経営にいかすということは、市場の伸びにともなって供給量を伸ばしていくという考えなのか、それとも市場が伸びようが伸びまいが一定量の供給しかしないという考えなのかということです。

あるいはまた、市場が大きくなっていったら、世の中の意識も大きく変わってしまい、魅力のない市場に変わってしまうことがあります。そういうときでも市場にしがみついていくのか、それとも撤退するのかというようなことです。

デジタルカメラがいい例です。初期はカメラメーカーではなくて、家電メーカーが手がけていました。市場が大きくなるにつれて、家電メーカー、カメラメーカーが入り乱れて競争し、供給量を競ってきました。しかし、高画質でありながら低価格となってきて、つくればつくるほど赤字になるということで撤退するメーカーも出始めています。

現在は変化の激しい時代です。マーケットの変化を知ったら、それについて自分はどのように考えるのか、スタンスをはっきりさせた事業計画をつくることが大切です。

仮説をたてて市場に対応する

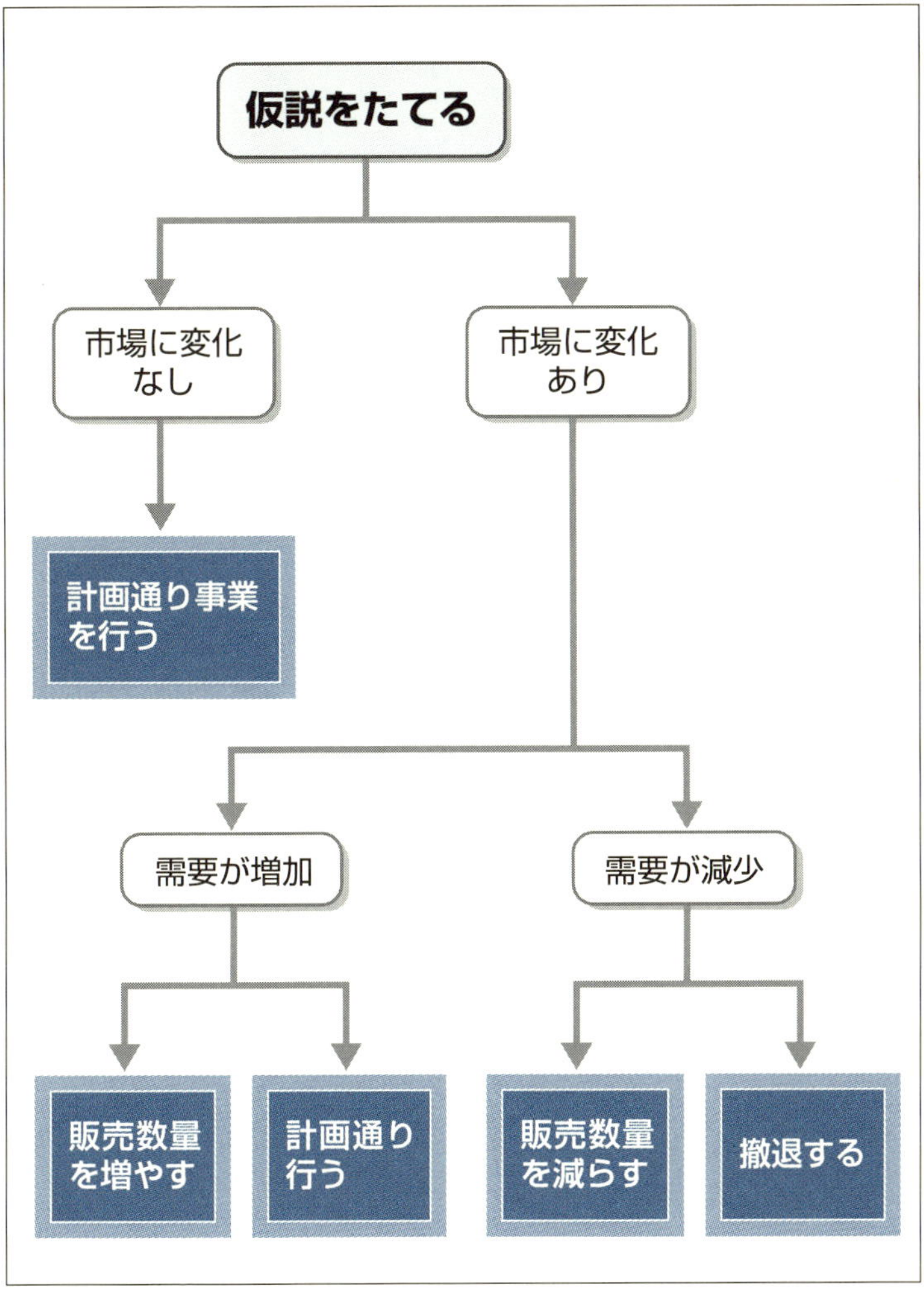

4 マーケットリサーチは自分でやる

■変化をとらえていく工夫が必要

マーケットの変化を捉えるためには、それなりの工夫が必要です。基本は定点観測で、それも継続的に行うことです。

よく知られているのが、ファッション業界で行われている定点観測です。若い男女が集まる東京・原宿などのある決まった場所で、定期的にビデオや写真を撮る方法です。同じ場所に集まる若者の服装の違いを継続的に観察することで、ファッションのちょっとした変化を捉えることができます。アパレルメーカーはその結果を、新しい商品をつくりだすためのデータとしているのです。

自分の事業のなかでも、変化を捉えていく工夫を1つもっていると、事業計画をたてるときには大いに役に立ちます。また、事業を行っていくときにも、事業計画をたてる時点でみていたときと、いま現在の違いが把握できれば、事業をやっていくうえでとてもいいマーケ

市場を把握するマーケティングの基本

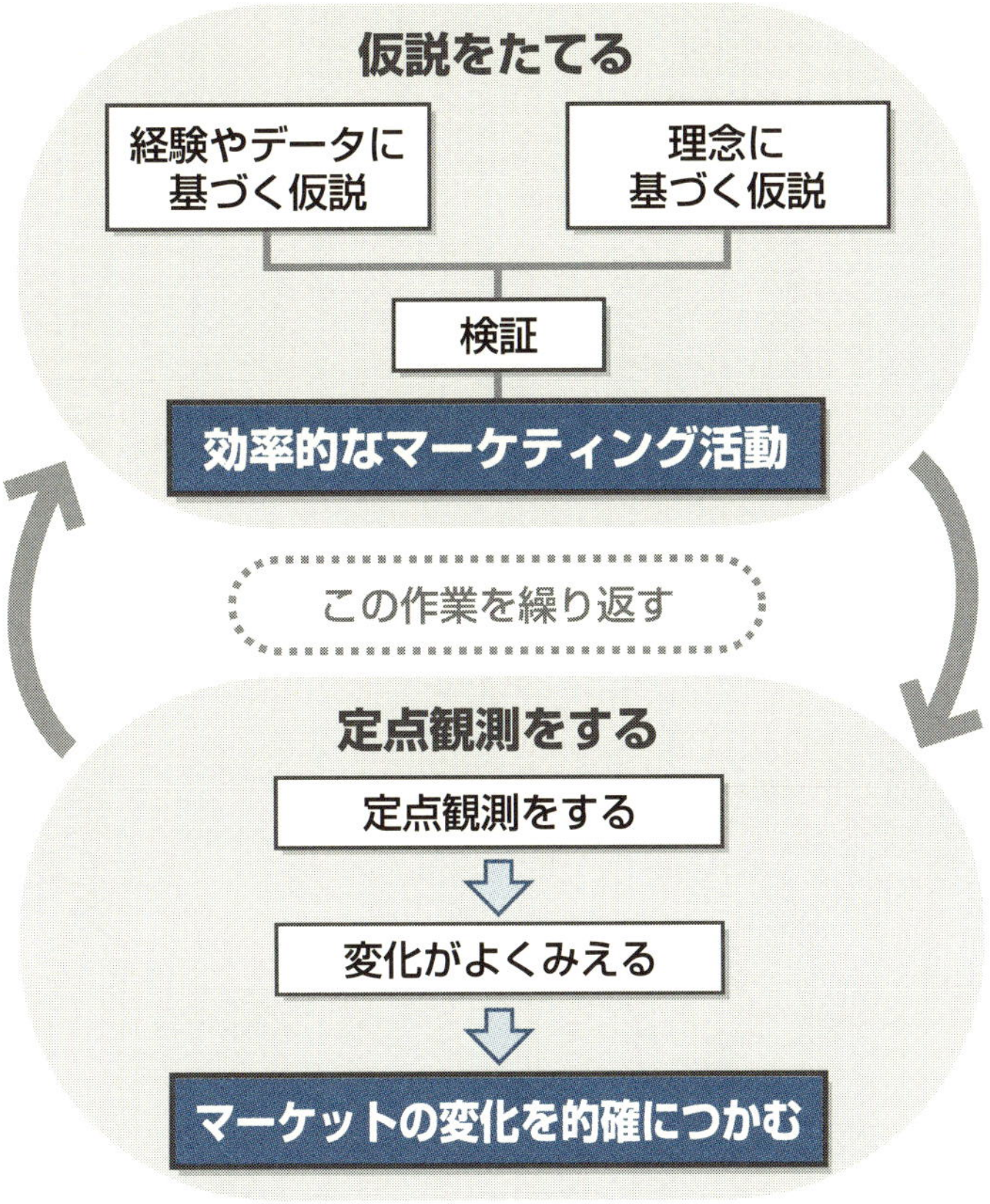

仮説をたてる
経験やデータに基づく仮説
理念に基づく仮説
検証
効率的なマーケティング活動
この作業を繰り返す
定点観測をする
定点観測をする
変化がよくみえる
マーケットの変化を的確につかむ

「仮説をたてる」「定点観測をする」ことを繰り返し行う

ティングとなります。

自分で市場調査をすると事業計画書の信頼性が増す

マーケットを調べるときには、少しでもいいので自分でやるようにしましょう。「自分でやらなくても、調査会社に頼めばいいんじゃないの？」と思われるかもしれません。たしかにお金さえ払えば調べてもらうことはできます。

しかし、自分で調査を続けていると、よけいなお金を支払わなくてもいいのに加え、実際に目にすることでみるべきポイントに気づき、市場そのものをより深く理解できるようになります。それに、自分の目が肥えてきて予測の精度も上がるようになり、意志決定もスピーディーかつ的確にできるようになります。

それを、調査会社に任せたり、新聞や雑誌などの切り抜きを利用して市場を予測するから、事業計画書に書く市場調査が不確かなものになるのです。そして、事業計画書を読んだ相手から角度を変えた質問をされると、きちんと答えることができなかったりするのです。

自分で調査した内容を事業計画書に書くと、質問に対しても自分の言葉で答えることができるので、事業計画書はとても信頼性の高いものになります。お金もかからずに、誰でもできることですから、自分でやることをすすめます。

市場調査を自分でやることのメリット・デメリット

他人に依頼する

- メリット　客観的に調査してくれる
- メリット　多角的に調べてくれる
- デメリット　お金がかかる
- デメリット　使い古されたデータがでることがある

自分で調べる

- メリット　予測の精度が上がる
- メリット　事業計画の信頼性が増す
- メリット　お金がかからない
- デメリット　一面的な見方に陥ることがある

! デメリットを認識したうえで、できるだけ自分で市場を調査するほうがいい

5

マーケットの変化を読み取って事業にいかす

変化にはビジネスチャンスがある

マーケットを調べてみると、規制が緩和される業種、逆に規制が強化される分野がありま
す。こうした分野には必ずビジネスチャンスがあります。

規制が緩和されるということは、これまではできなかったことができるようになるわけで、大きなビジネスチャンスが訪れたといえるでしょう。一方、規制が強化されるときには、既存の業者が困ることがあるわけで、それを解決することができれば、やはりビジネスチャンスということができます。日本車の排ガス対策技術もこうして世界でトップになりました。

変化のあった業界だけにビジネスチャンスがあるのではありません。長年変化のなかった業種にもビジネスチャンスはあり、それを生かすことで大きな事業にすることができます。

好例が「ブックオフ」です。古本屋といえば、客が持ち込んだ本をそのまま、薄暗い店内に並べて売っていました。これは長い間変わらなかったのです。

市場の変化はビジネスチャンスになる

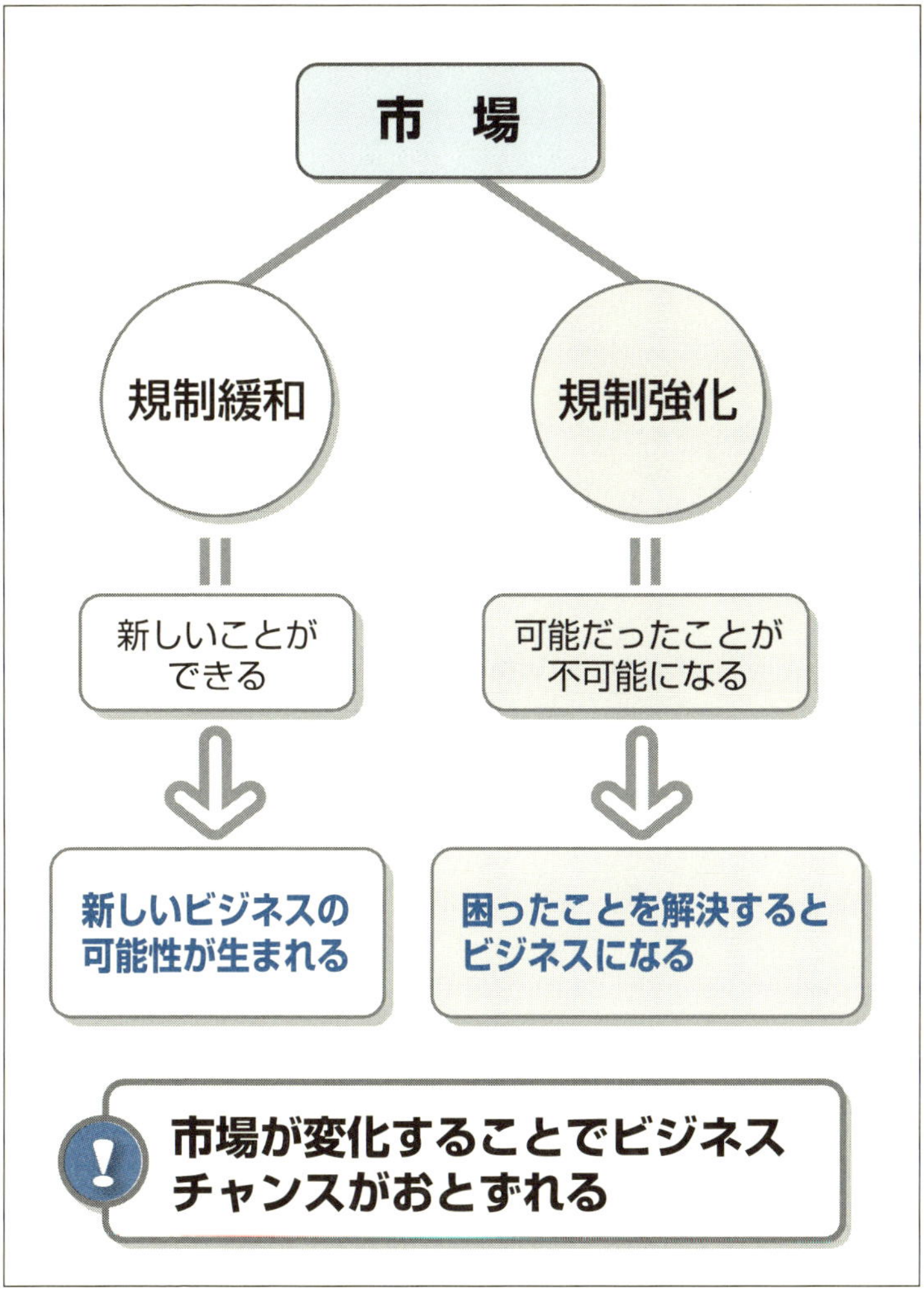
市 場
規制緩和
規制強化
新しいことができる
可能だったことが不可能になる
新しいビジネスの可能性が生まれる
困ったことを解決するとビジネスになる
市場が変化することでビジネスチャンスがおとずれる

それをブックオフは、長年の習慣を破って、客の持ち込んだ本をきれいにし直して、明るい店内で販売したのです。これによって、これまで古本屋に足を踏み入れたことがない人まで客として取り込み、古本のビジネスを変えつつあります。

同じような例に「ＱＢハウス」という10分間の散髪屋があります。街のあちこちにあるこれまでの散髪屋といえば、１時間ちょっとの時間をかけて髪をカットし、洗髪をして顔を剃り、４０００円くらいかかります。これも長い間変わりませんでした。

ところが、ＱＢハウスは髪の毛をカットするだけで、洗髪もしなければ顔を剃ってもくれません。10分間でカットを終えて１０００円という料金設定で、時間とお金を節約したいビジネスマンに受けています。10分間で１０００円というのは、10分あたりの金額にしたら、本当は従来の散髪屋よりも単価は高いのです。それなのにはやっています。

長い間変わってこなかった業種でこうなればいいのになという新しい仕組みをみつけたら、それはチャンスになるので、商売にすることを検討するのもいいかもしれません。

成長分野の周辺も商売になりやすい

成長分野は前にもいいましたが、介護関連のビジネスのように多くの人がわっと集まるので、たいていの人は失敗します。携帯電話の販売店も、一時は雨後の竹の子のようにあった

成長分野よりも周辺分野がビジネスになる

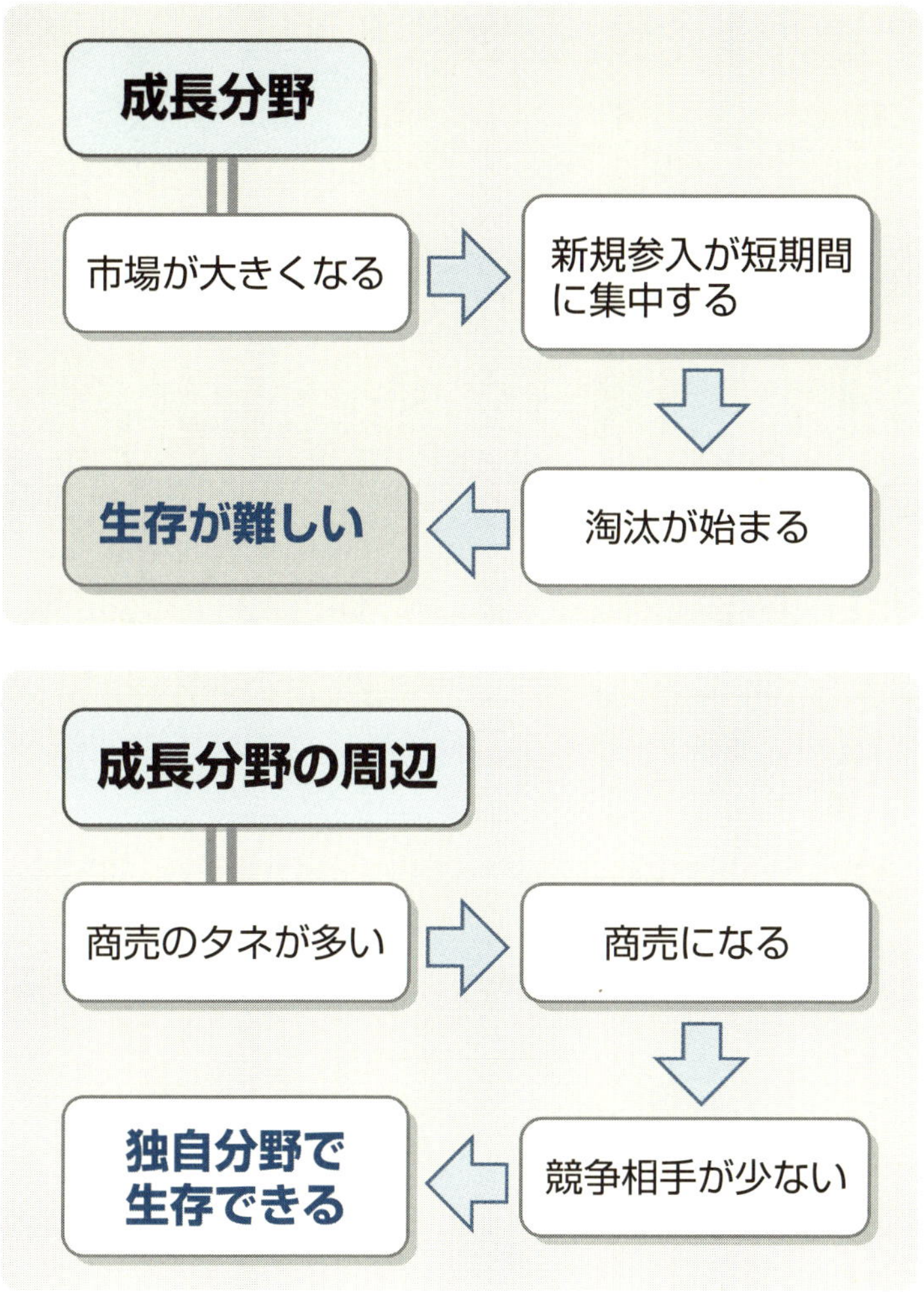

成長分野
市場が大きくなる
新規参入が短期間に集中する
淘汰が始まる
生存が難しい
成長分野の周辺
商売のタネが多い
商売になる
競争相手が少ない
独自分野で生存できる

のが、いまでは淘汰されて勝ち組だけが残っています。

ところが、成長産業の周辺分野は儲けるチャンスがあります。携帯電話でいうとストラップです。携帯電話1台にストラップは何本持っていることでしょうか。高級ブランド品からお菓子のオマケまで、これはもう産業になっていますよね。

成長産業の周辺分野をねらえというのは、いまに始まったことではありません。古くはアメリカのゴールドラッシュのときに生まれたジーンズメーカーや鉄道事業がいい例です。最近のハイテク分野でも同じことがいえます。ナノテクノロジーやゲノムが注目を浴びていますが、そこでも最初に事業化されていくのは周辺分野です。

たとえば、ナノレベル（10のマイナス9乗メートル）の物質を扱うためには、それをみるための道具、操作するための治具、計るための計測機器などが製品化されます。それがなければ、その分野の研究者たちは研究開発ができないのです。

成長する分野や産業をみつけたら、その周辺を探してみてください。そのものズバリに入っていくよりは、たいていの場合は商売になります。起業しようとする人にとっては、そのほうが競争相手も少ないので、その分リスクが少なくてすみます。また、商売としてはこれまでの技術やサービスの応用であり、開発のための新たな投資も比較的少なくてすむので粗利も大きく、立ち上げのための時間も比較的短くてすみます。

6

顧客はどういう人なのかを明確にしておく

お金を払ってくれる人だけが客ではない

ある商品を売るということになったとき、次の段階では誰が買うのかということが焦点になってきます。顧客は誰かというわけです。

まず、顧客、すなわちお客さんについて考えてみましょう。お客さんとは、たんにお金を払ってくれる人だけではないことを、まず理解してください。お客さんとは「価値の交換」に応じてくれる人と考えたらどうでしょうか。

たとえば、あるお店の社長が「うちの店にはひやかしの客ばかりで、買ってくれる客がこないんだよ」とこぼしたとします。私ならすぐさま「そんな人はもう商売をやめてしまったほうがいい」といいますね。

お客さんがその店に足を運ぶこと自体、自分の価値をつかっているのです。よく考えてみてください。その店に行くまでの交通費、自分の時間、時給に換算したらたいへんな価値をつかって店にいっているのです。

逆にいえば、そうしたコストをかけて店にきてくれた人が、満足して帰ることができる商品を提供できなかったあなたこそ、悪いのじゃありませんかといいたいのです。

つまり、お客さんとは何かということを考えたときに、たんにお金を払ってくれる人と考えているから、「冷やかしの客」としかみえないのです。それを「価値の交換」とみれば違った見方ができます。

たとえば、来店した人と会話することで生の声を聞くことができれば、商品が売れなくても、来店した人の価値と自分の価値を交換したことになります。そこで得た情報はお店の仕入れにいかすことができます。また、あなたがお客さんに対して役に立つ、ここでしか聞けない情報を提供できたなら、それで満足してお店に対するロイヤリティが高まるでしょう。これが売上げにつながるのです。したがって、ものを買わなくても、価値を交換してくれる大切なお客さんということになります。

価値の交換に応じてくれる人が客となる

前に取り上げたブックオフで、顧客を考えてみましょう。

ブックオフは古本を仕入れて売っているのではなくて、お客さんからまず買って、また違

商品を買う人だけが顧客ではない

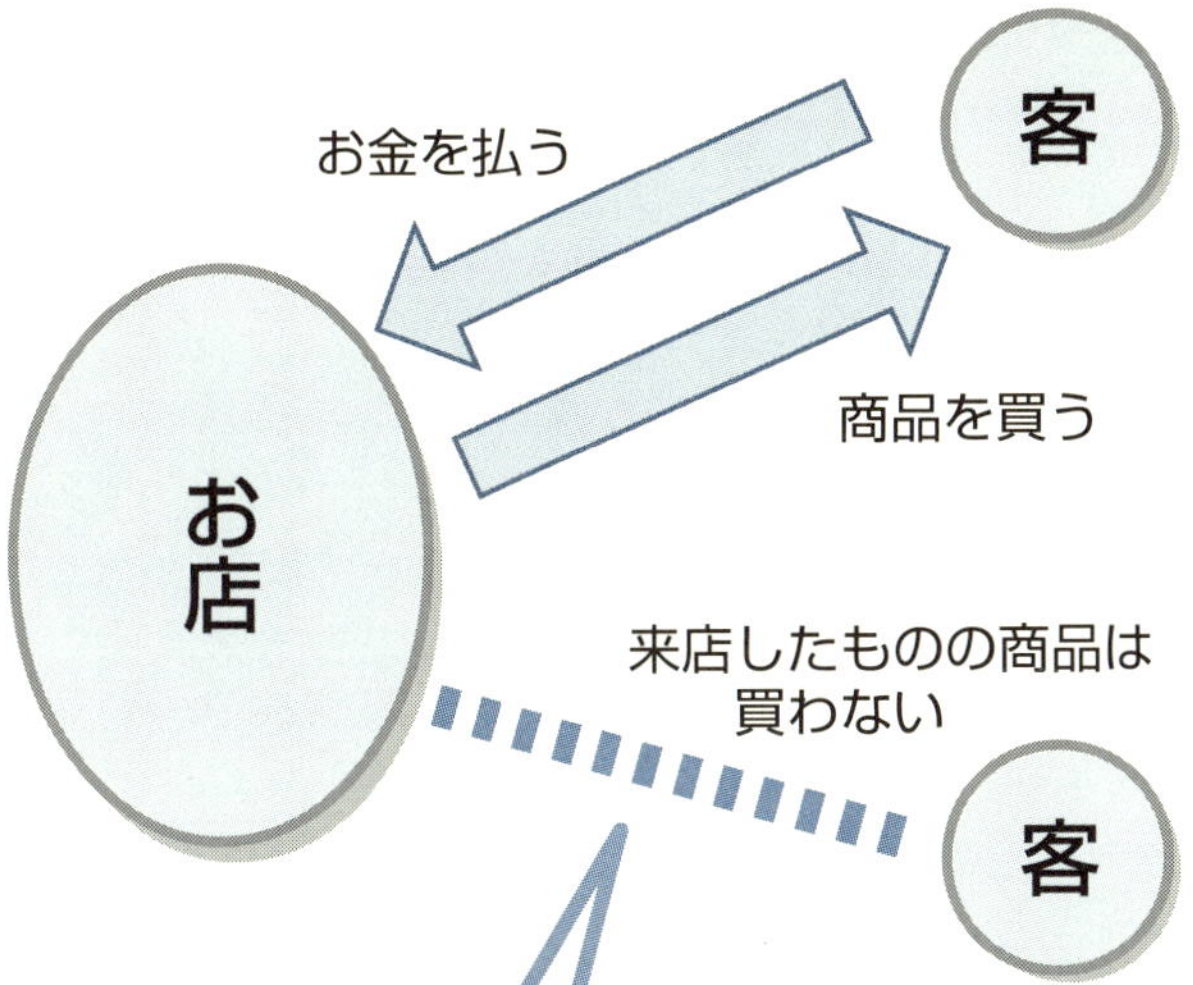

お店は客が使用した交通費、時間などの価値に見合う「商品」を提供できなかったということをきちんと理解する

顧客とは商品を買った人のことではなく、「価値の交換」に応じてくれた人のこと

うお客さんに売っているのです。「売る」ことからではなくて、「買う」ことから商売が始まっています。この場合はどのような価値と交換しているのでしょう。

本は文化だといって育てられた人が多いので、読み終えたからといって捨てるには抵抗があります。そこで、たいていの場合は部屋に本棚をつくって保有しています。しかし、読み終えた本をすべて持っていると、本は増える一方で、部屋のスペースは狭くなってしまいます。このため、多くの人は本のあるスペースをあけたいというニーズを持っています。

顧客は部屋のスペースをあけることに価値を見いだしています。ブックオフにすれば、本を持ち込んでくる客は本好きが多いので、本を売ってくれた人が買い手にもなると考えています。そこで、本好きな人が来店してくれることに価値を見いだしています。こうした互いの価値を交換しあうことでビジネスが成り立っているのです。

一方、ブックオフが古本を売ることで提供する価値は、買い取った本を1つひとつ掃除して古本なのに新本のようにきれいにして、従来の古本のイメージをなくしたのです。それに、本は店内にきれいに並べていて、新本を売っている書店と同じようなつくりをしています。

きれいな古本を、きれいなお店で買うことができるという付加価値を、ブックオフは提供したのです。ものとしても古本が動いているだけではなく、どんなお客さんが買うのかということをきちんと考えたところが、事業が成功した要因なのです。

7

販路はひとつではなくて複数考えておく

販路は販売機会を考えて開拓する

販路を考えるときには、まず、あなたが事業化しようとしている商品について、販売機会をチェックすることから始めましょう。販路を開拓するときには、顧客が購入するタイミングを的確につかむための仕掛けづくりが重要になります。

商品を考えてみると、これまでにないまったく新しい商品というものはあまり多くはありません。液晶テレビやプラズマテレビなどの薄型テレビは、新しい技術を使っているものの、これまでのブラウン管テレビと同じ用途です。こうした商品の販路としては、顧客が買い換えのために商品を探しにくる従来の商品に強い店のほうが適しています。

ただ、販売する能力がある販路であっても、発売して間もない商品がディスカウントして売られるようでは、利益の確保は難しくなります。事業を継続していくうえでは、こうした販路は好ましくないでしょう。

消耗品や一般消費者向けの商品は、買い換えの周期が比較的短かったり、多くの顧客が時間をおいて買い求めるため、わりとかんたんに購入のタイミングを捕まえることができます。ところが、事業用設備などの場合は、製造設備には耐用年数や償却期間がありますから、一度導入すると次の入れ換え期間までかなりの期間があります。そのタイミングを逃すとチャンスがなくなってしまうことにもなりかねません。このような状況に陥らないために、顧客の買い換え周期を知っている販路を開拓する必要があります。

商品の特性と販路があっているか、次の項目を参考にチェックしてみましょう。

- ●販売機会の多い商品か
- ●ディスカウントしなくても販売できる期間はどれくらいか
- ●競合商品との優位性を保てる期間はどれくらいか
- ●商品は繰り返し購入されるものか、それとも再購入はほとんどないものか
- ●商品がリプレースされる周期はどれくらいか
- ●顧客のリプレース時期を逃したら、次の機会に商品の提供は可能か

販路には優先順位をつけてアプローチする

販路開拓と販売機会が整理できたら、次はアプローチの方法を考える番です。販路は1つ

商品の用途と販路

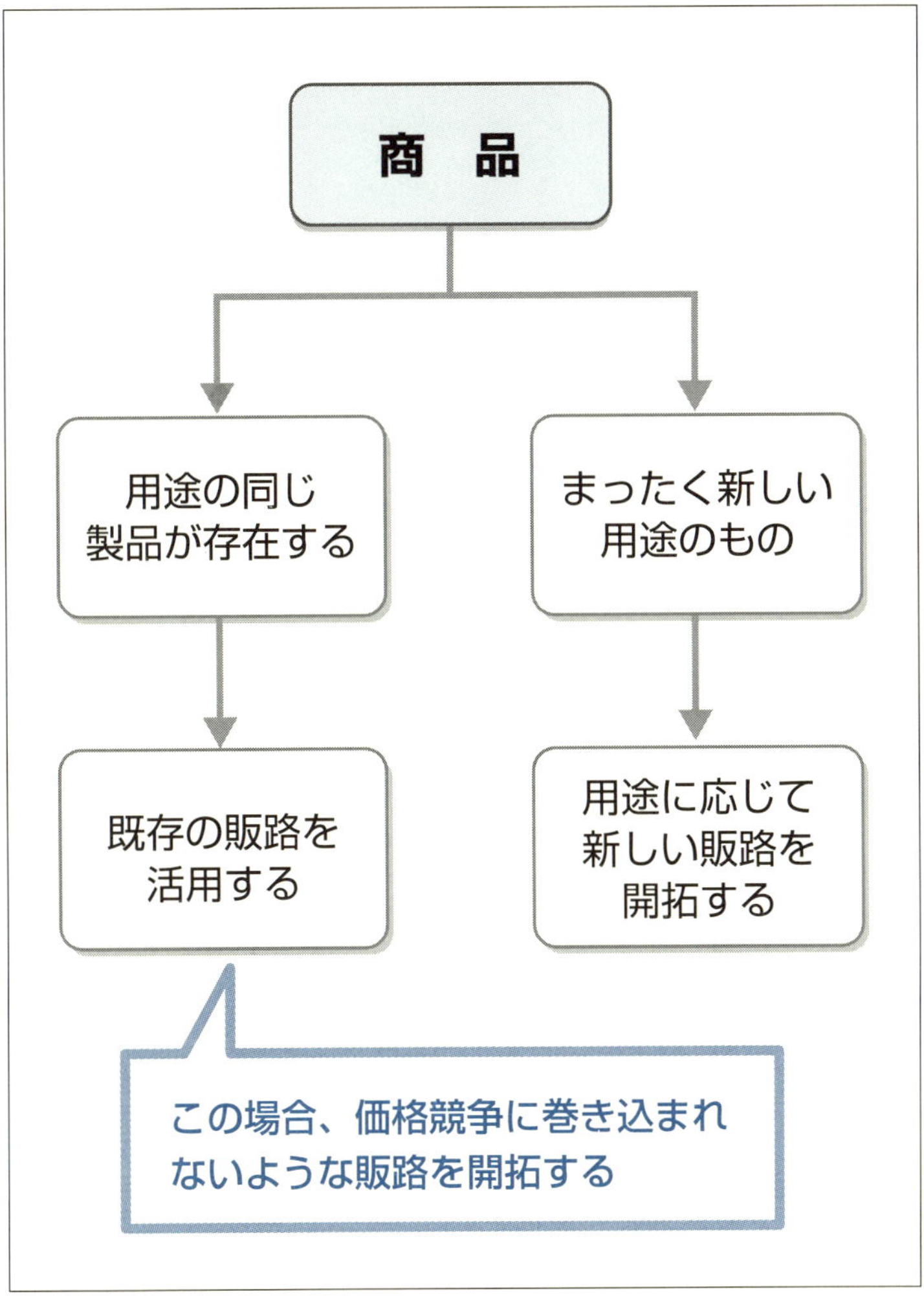
商　品
用途の同じ
製品が存在する
まったく新しい
用途のもの
既存の販路を
活用する
用途に応じて
新しい販路を
開拓する
この場合、価格競争に巻き込まれ
ないような販路を開拓する

あればいいというものではなく、できるだけ多く確保することが必要です。

そのためには、販路となる可能性のありそうなアプローチ先はどこかという仮説を立てます。仮説を立てたら、それにあいそうな候補をできるだけ多くリストアップし、取引の規模、すぐに取引が可能かなどの優先順位をつけて、アプローチを始めます。

販路となりうる相手の仮説を立てるときのポイントには次のようなものがあります。

●取引を行うことで双方にメリットがあること
●相手の弱みを補う機能、商品を提供できること
●相手に明確な経済的メリットを生じさせること
●取引の方法が相手の仕事の流れにうまくのせられるものであること
●相手が新たに投資を行う必要がないか、あってもごく少ないこと
●相手の有休資源を活用できること

販路開拓はマーケティングの一部です。マーケティングには「製品（Product）」「価格（Price）」「場所（Place）」「プロモーション（Promotion）」の4つの要素があります。それぞれの頭文字をとって「4P」と呼ばれています。販路はこのうちの「Place」に該当します。この4つを組み合わせて、市場を獲得する戦略を考えるのですが、Placeにあった製品と価格、それにプロモーションを実現できるのかを、考えることも大切です。

8

アライアンスで他社の力を利用する

アライアンス先と自社の強みと弱みを分析する

アライアンスとは提携、連合という意味で、複数の企業が特定の目的のために連携をとりあって共同行動を行うことです。共同行動といえば聞こえはいいのですが、一歩間違えるとただの寄せ集め連合となり、最悪のケースでは弱者連合になることもあります。

そうならないためには、アライアンス先と自社の強みと弱みをきちんと分析して、強みを最大限発揮できる環境づくりをすることが大切です。そのときには、82ページで説明したSWOT分析を利用します。

自社の強みと弱みを明らかにし、それに相手の強みと弱みの情報をかけあわせます。その結果、自社の強みがアライアンス相手にとって魅力となるかどうか、弱みを互いの強みで補えるかどうかを判断します。これによってアライアンスの有効性を確認するのです。

お互いの強みが補完関係にある関係であればいいが、競合してしまう関係となると調整することが難しくなります。お互いの強み弱みを整理して、相互の経営資源を補完できる関係かどうかをチェックして、アライアンスを組むべき相手かどうかを判断します。

最終的に、アライアンス先、自社、それに顧客の3者にとってメリットのある「win－win」の関係ができればいいのです。

タテとヨコの視点で可能性を探る

アライアンスを組むときには、同業者同士でというケースもあれば、異業種ということもあります。それぞれのメリット、デメリットを考えてアライアンスの可能性を探る必要があります。

同業者の場合、本来ならば競合することになるのでしょうが、提携することで製品のコストダウンにつながったり、集客力が高まることなどが考えられます。

別にアライアンスを組んでいるわけではありませんが、古書街の東京・神田神保町や電気街の東京・秋葉原、大阪・日本橋などは、同業者がたくさん集まっていることが集客力となっている例です。

同業者同士でのアライアンスが規模の効果をねらうことが多いのに対し、異業種間では顧客に対する品揃えの強化（新製品の共同開発もその1つです）や付加価値の増大をねらうも

SWOT分析で組むべき相手を判断する

自社

	機会	脅威
強み		
弱み		

アライアンス先

	機会	脅威
強み		
弱み		

SWOT
分析をする

アライアンスが成功した場合

	機会	脅威
強み		
弱み		

両者がWin-Winの関係になる
アライアンス先をみつける

のが多いという特徴があります。

アライアンスには、タテの関係とヨコの関係があります。同業者同士の提携はヨコの関係にあたります。それに対して、商品の流れに沿った、メーカーと販売店の場合や原料供給とメーカーというのがタテの関係に該当します。

販路の開拓は、一般的に流通の下流という言い方をしますが、製造業と卸売業、卸売業と小売業というように、消費者に近い企業との提携と考えることができます。

アライアンスは、サービスの提供も含めた「タテの関係」と「ヨコの関係」の両方の視点で、その可能性を探るようにします。

それでは、アライアンス先をみつけるにはどうしたらいいのでしょうか。基本的には自分で探して歩くことです。しかしながら、時間や経費の制限があるので思うようにはできません。そこで、効率的に活動するためには、いろいろな機会やシステムを利用することをすすめます。

たとえば、数多く行われている展示会に出展したり、展示している会社とコンタクトをとるのもいいでしょう。また、商工会議所などの経済団体では中小企業向けにマッチングシステムを提供していますし、人脈をたどってターゲット企業とコンタクトをとるのも1つの方法です。

役立ちシート アライアンスを判断する

	異業種	同業種
ヨコの関係	●顧客の共有 ●顧客に対するサービスの質・量の向上 ●経営資源の有効活用	●インフラの共有 ●規模の利益 ●規格の統一 ●共同で行う広告や販促活動
タテの関係	●川下（顧客）からの情報収集力アップ ●顧客への供給スピードアップ ●供給方法の多様化 ●川下に対する発言力アップ	

9 事業の継続性を検証しておく

新技術・新製品にも寿命がある

「いい仕事をしていますね〜」と思わず言ってしまいたくなるような研究開発や試作品に出会うことがあります。研究の筋もいいし、細部にわたってていねいに仕上げられた成果をみせられると、思わず唸ってしまいます。

そのあとで、長年積み上げてきた成果を何とか事業化してパッと花を咲かせたいという相談を受けることがあります。また、設備投資をして量産し、企業として安定的な収益を確保することをもくろんだ事業計画をみせられることがあります。

このような事業計画は技術などの裏づけもあり、実現性が高いように見えます。というのも、素晴らしい技術や製品に目が向いて、事業の全体の整合性について見落としてしまうことがあるからです。

ところが、事業について検討していくと、多くの場合には継続性がなく、事業を立ち上げないほうがよいのではないかという結論になることがあります。それは、開発された製品の寿命が事業の寿命になってしまうような計画になっているからです。

ちょっと身の回りのものを見てください。永久に売れ続けているものがどれだけあるでしょうか。昔からあるような製品であってもまったく同じものが売れ続けることはほとんどないでしょう。これは製品には寿命があるからです。製品はできたときから徐々に売れ始め、ある程度市場にいきわたったときから逆に売れなくなっていきます。そして、ほとんどのものが最後は市場からなくなってしまうのです。

新しい事業が次々と立ちあがるビジネスかを検証する

亀の子たわしや竹ぼうきのように寿命が長い製品もありますが、これから起業しようとする事業において寿命の長い商品をもつことができるのは稀なことでしょう。逆に最先端の技術分野ではデジタル製品の市場をみればわかるように、技術開発のスピードが速く、次々に新製品が発売され、1つの製品の寿命は非常に短いものとなっています。

ですから、いくらいい技術や製品を持っていても、1つの製品だけではなかなか長続きする事業とはならないのです。もし、1つの技術を製品化するだけであれば、わざわざ会社をつくるまでもなく、外部へ技術供与を行えば、リスクも少なく結果的に手元に残るお金が多くなる可能性もあります。

これから起業するのであれば、その企業を継続的に維持していくことができるかどうかが重要です。継続性に疑問がある計画では、当然、資金調達をすることも難しいでしょう。

事業を継続する例として、最初の製品が利益を出している時期に次の製品を開発、製品化し、売上げが下り坂になる頃には2番目の製品の販売が立ち上がり、その製品の売上げの拡大で最初の製品の減少を補う、また3番目の製品が時期をずらして立ち上がるというような計画になればよいのです。

こうすれば製品が入れ替わりながら、会社は安定的に売上げを確保できる計画になるのです。起業を考えるときには、仕事が単発で終わるのではなく、次々と新しい仕事を生み出すことができるのかどうかを検証しておくことが大切です。

老舗と言われるような企業は一見同じようなものを売り続けているように見えますが、製品やサービスなどに工夫し、変化し続ける努力をしているからこそ継続しているのです。

技術開発が得意ならば、商品をつくって販売するというよりは、技術開発そのものを商品として事業化することも考えられます。そうすれば、設備投資のリスクを背負って製品を量産する必要もなく、販路やアフターサービスなども考えなくてよいのです。これまである経営資源の延長線上で、継続的な収益を得る計画をたてることも可能となるでしょう。

商品を継続してだすことが事業の継続につながる

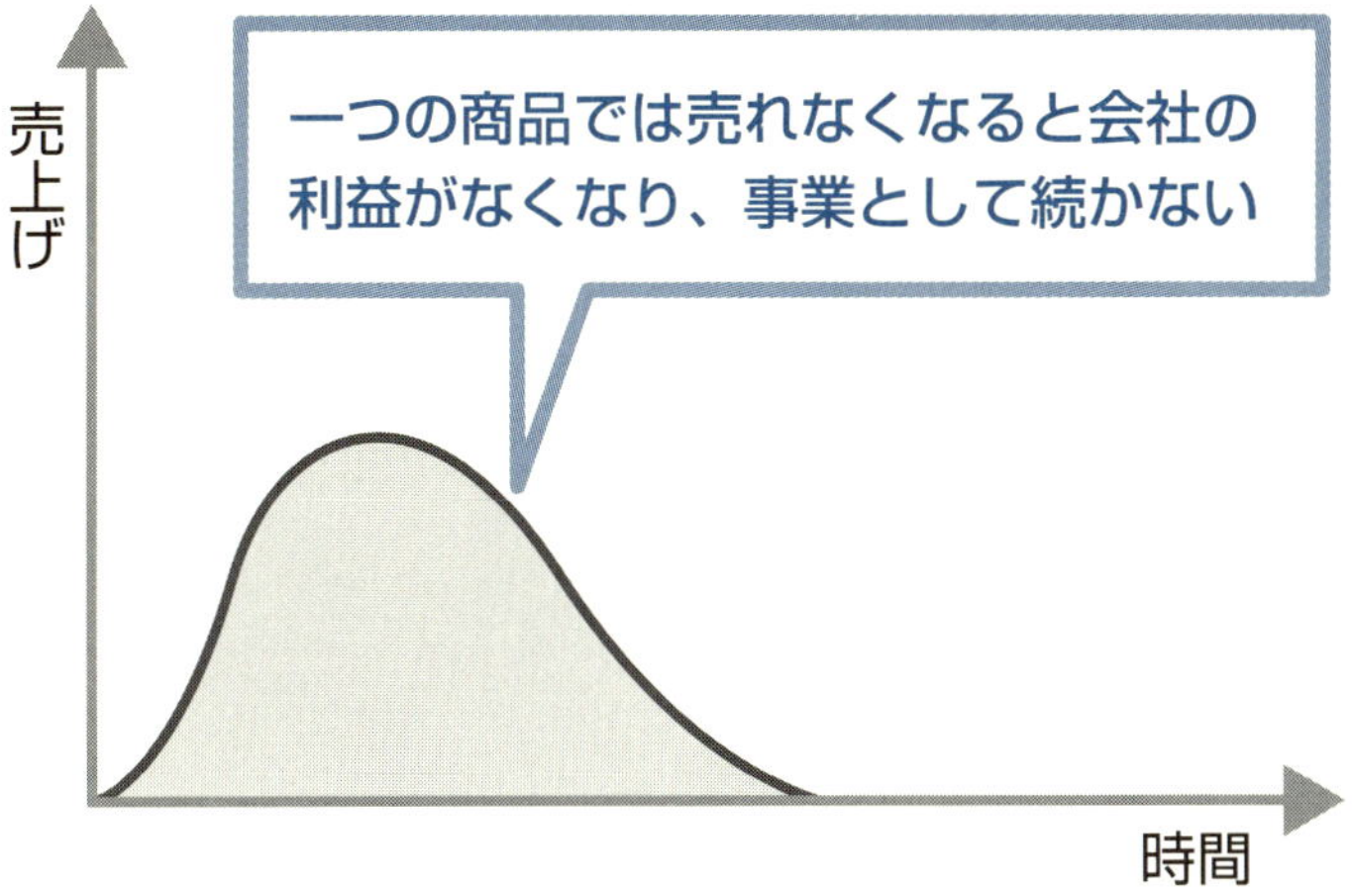
一つの商品では売れなくなると会社の
利益がなくなり、事業として続かない
売上げ
時間

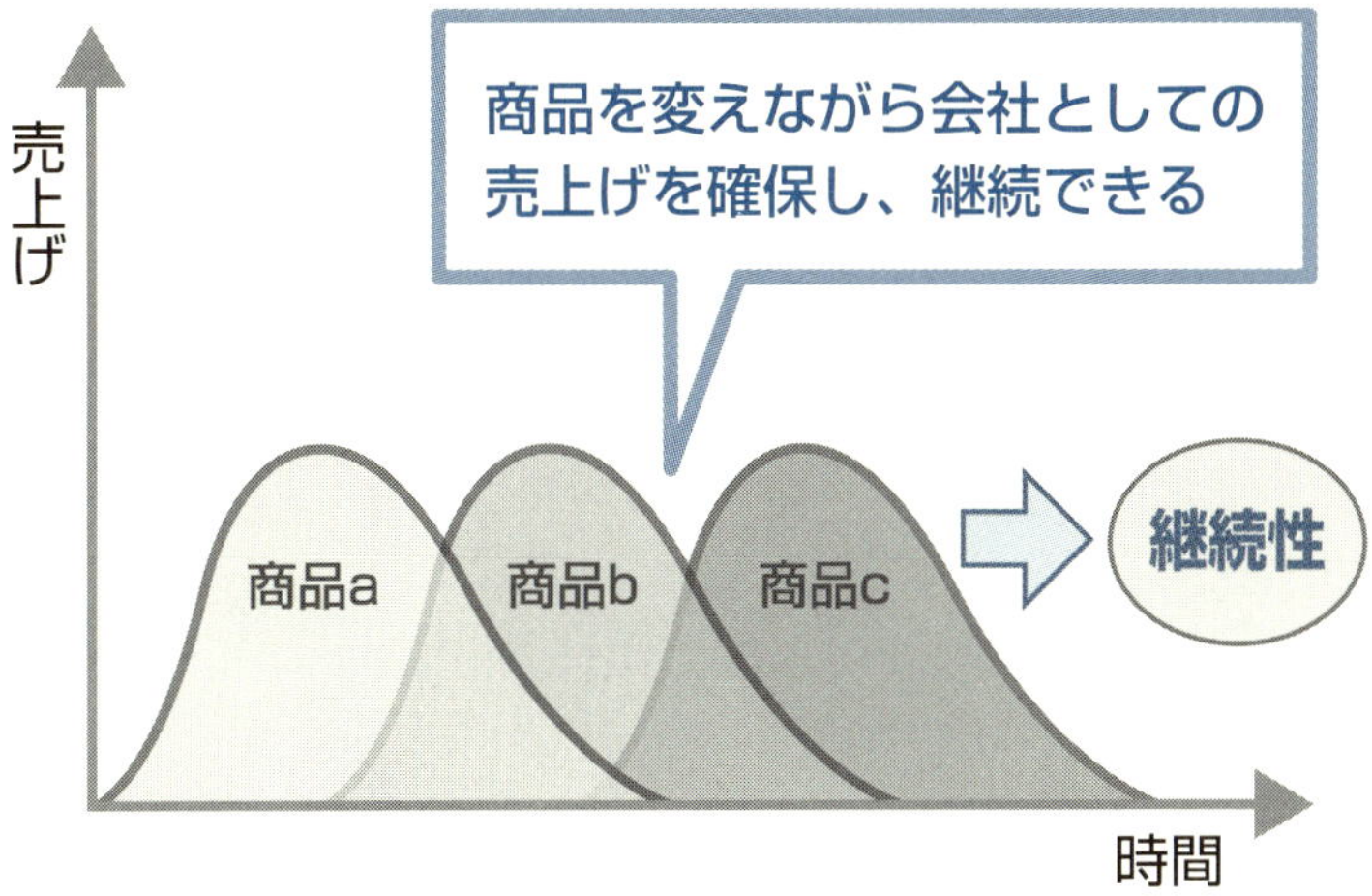
商品を変えながら会社としての
売上げを確保し、継続できる
売上げ
商品a
商品b
商品c
継続性
時間

第4章

事業の金銭に関する計画をまとめる

1

事業を根拠のある数字で表現する

事業計画書には実現可能な金額を数字であらわす

事業計画書では、売上げや利益、資金繰りなど、金額で表現することが数多くあります。このときに、現在は事業計画の段階にすぎないので売上げは0なのに、目標とする売上高は200億円といっても、誰も本当にしないでしょう。

大きな目標を持つのはいいことですが、根拠のない数字を書いても、「ほら吹き」と受け取られるだけです。

事業計画書に書く数字は、実現するための根拠のある数字で表現していきます。なぜ数字で示すのかというと、売上げや利益、資金繰りなどの財務諸表は、金額をベースとした誰がみてもわかる共通した表現方法だからです。

これによって、その分野の専門家でなくても、財務面から仕事について判断できます。銀行に融資の申し込みに行くと、財務諸表を提出するようにいわれます。なぜかというと、その商売のことを深く知らなくても、財務諸表をみることによって、会社の内容を判断することができるからです。

財務諸表というのは、基本的には過去の経営資料です。言い換えれば、会社の成績がどうであったかという通知表です。銀行などでは、通知表をみて現在の財務状況や今後どうなりそうかという判断をして、融資をするのかしないのかを判断しています。

計画は差異がでたらそのたびに修正する

新しく事業を始める人には、あたりまえのことですが、過去の通知表（財務諸表）はありません。

したがって、事業計画書に書く財務諸表は、将来どうやっていきたいのかを、経営者が表明するためのものということになります。そこに書く数字は、裏づけをもって自分が実現できる数字である必要があります。

事業計画書とは何かをかんたんにいえば、目標とする未来のある一時点における財務諸表とそこに至るまでの一定期間ごとの途中経過（事業の断面）を、一定の時間ごとに区切って連続的にみせることです。

一定の期間というのは、1ヵ月のこともあるでしょうし、3ヵ月、半年、あるいは1年という場合もあるでしょう。

つまり、3年とか5年という期間を設定して、そこに至るまで1ヵ月とか3ヵ月というように、一定期間ごとの見込みの財務諸表をつくります。事業計画の期間が3年の計画で、1ヵ月単位で区切るとしたら、36の連続した財務諸表をつくることになります。

3年とか5年という期間は、それぞれの仕事の内容やどういう会社にしたいのかということで違ってきます。大まかには1年、3年、5年の計画があり、5年の計画が書けるのであれば5年間にわたって書くのがいいでしょう。5年は長すぎるので書けないというのであれば、3年間でもかまいません。

事業計画書の財務諸表には裏づけのある数字を書くといいましたが、いくら裏づけがあっても、そのとおりにことが進むことはまずないと思っていてください。

実際に事業を始めて、計画と差異が大きくなったら、事業計画はそのたびごとに修正して、より現実的な数字に変えていきます。こうすることによって、事業計画が「計画のための数字あわせ」にならずに、生きた事業計画とすることができます。

また、事業計画は「こうなって欲しい」という願望がはいりがちです。願望を持つことが悪いとはいいません。しかし、事業計画書の財務諸表は、誰にでも説明できる根拠のある数字をつかうことが大切です。

財務諸表などはこういう考えでつくる

途中経過の期間を決める

【例】１カ月単位、３カ月単位

↓

目標とする期間を設定する

【例】１年間、３年間、５年間

↓

財務諸表、返済計画

事業内容を根拠のある数字で表現する

事業が始まったら、実際と計画の差異をたえず見直して、計画を修正していく

2

利益がでる事業かどうかを判断する

損益分岐点売上高から事業の継続性をみる

事業計画書をつくるときには、その事業を行って本当に利益がでるのかどうかをきちんと把握しておく必要があります。売上げからそれにかかる費用を差し引いて、赤字になるようでは事業として続けていくことはできないので、黒字となって事業を継続できるかということを判断するわけです。

赤字にならないけれども、黒字にもならないで、事業が採算に乗るかどうかの分かれ道となる売上高のことを損益分岐点売上高といいます。経営分析などの本をみると、損益分岐点売上高とは、「売上高から変動費と固定費を差し引いたものがゼロとなる売上高のこと」と書いてあります。

変動費とは材料費や外注費、運送費など、売上げが上がれば増えて、下がれば減るというように、売上げに対応して変動する費用のことです。これに対して、固定費は、人件費や減

損益分岐点売上高を理解する

売上高 − 費用 = 利益

この利益が「0」となるのが
損益分岐点売上高

損益分岐点売上高 − 費用 = 0

費用 = 変動費 + 固定費

損益分岐点売上高 = 変動費 + 固定費

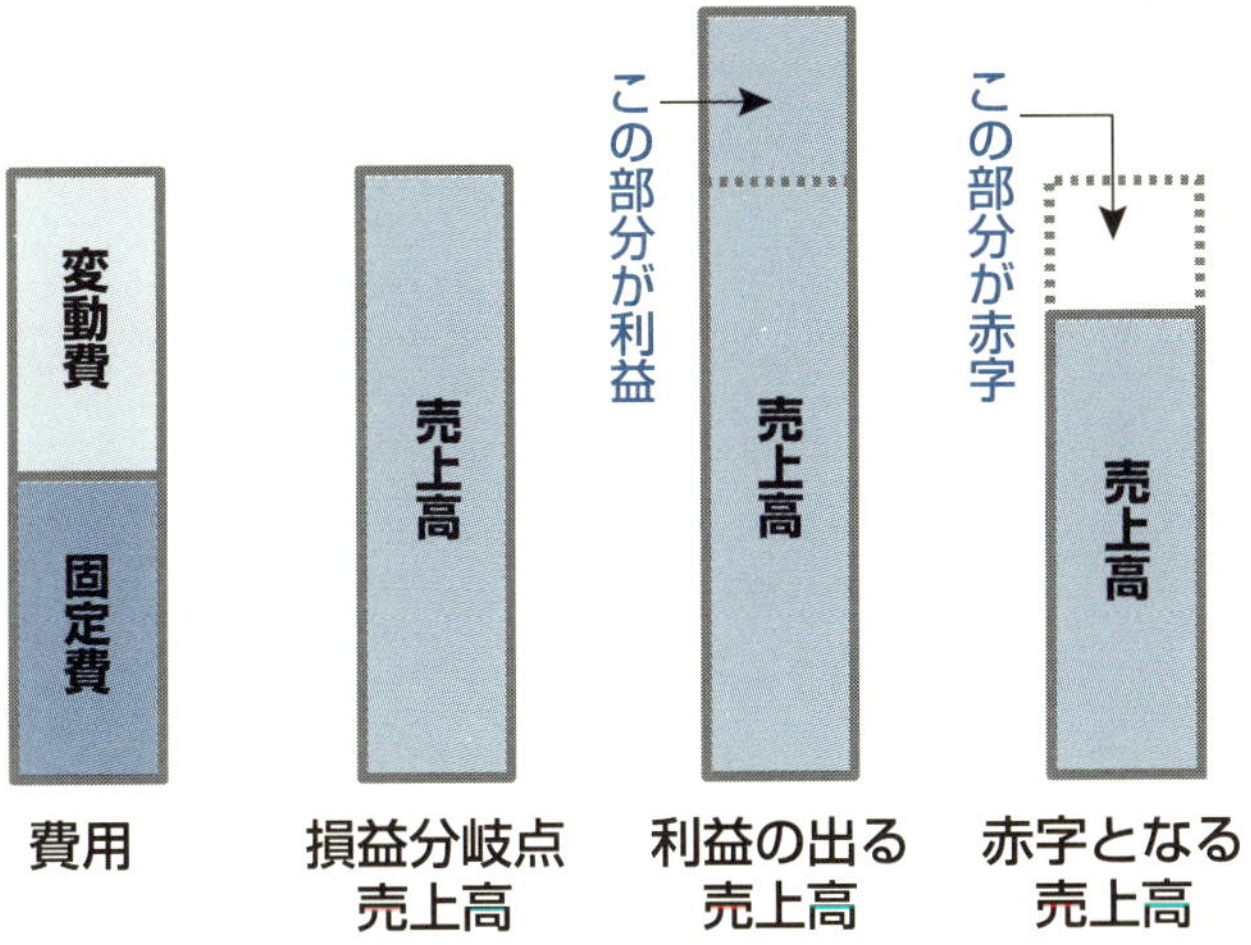

価償却費、広告宣伝費のように、売上げが増えようが減ろうが、それとは関係なくかかる費用のことです。つまり、売上げがゼロでも発生する費用です。

売上げから変動費を差し引いてでる利益を限界利益といいます。この限界利益から固定費を差し引いて、ゼロとなるのが損益分岐点売上高です。限界利益から固定費を差し引いてでた利益が営業利益となるのです。営業利益がでるということは、事業としてやっていくことができるということをあらわします。つまり、損益分岐点売上高というのは、利益を達成するために必要な最低限の売上高ということができます。

自分の人件費も固定費に入れる

損益分岐点売上高は、一般的には次の式であらわします。

損益分岐点売上高＝固定費÷限界利益率

実際問題として、損益分岐点売上高を求めるには、固定費や変動費などの詳細なデータが必要になります。すでに事業を始めているのであればともかくも、これから事業を始めるのであれば、そうしたデータをはじいてみても、実際の数字とはかけ離れたものとなる可能性があります。

そこで、大まかに損益分岐点売上高をみることができるようにしたものが、左ページの計

役立ちシート　損益分岐点売上高を計算する

毎月の固定費合計	円
家　賃	円
光熱費	円
通信費	円
その他毎月発生するもの	円
人件費	円
自分の必要収入	円

毎月の損益分岐点売上高 ＝ 上記の表（毎月の固定費合計）÷（1 － 商品の仕入原価（　円）÷ 商品の販売価格（　円））

固定費：毎月定期的に発生するもので、上記以外にも消耗品費、修繕費、福利厚生費などが該当する

①計算するときは自分の給料も入れる

②この表は自分の頭を整理するためのもので、外部にだすものではない

算式です。基本は損益分岐点売上高の計算式と同じですが、それを簡単にして、なおかつわかりやすくしたものです。

毎月の固定費には、家賃や光熱費、通信費などのほかに、毎月必ず発生する交通費や交際費なども計上します。

そして、重要なのが自分の人件費です。初めのうちは無給もやむを得ないといって、自分の人件費を計算に入れない人がいます。しかし、それでは本当に儲けられるかどうかがわからないので、本当の事業とはいえません。その事業のために働く人全員の人件費を組み入れて、それで儲けられるかどうかを判断することが大切です。

ちなみに、143ページの計算式を使って計算してみましょう。毎月の固定費が80万円、仕入原価60円のものを100円で販売するとしたら、損益分岐点売上高は次のようになります。

損益分岐点売上高＝80万円÷（1－60÷100）＝80万円÷0・4＝200万円

200万円が毎月の損益分岐点ということです。1個100円の商品ですから、2万個販売したら損益分岐点売上高を達成する個数になります。最低これだけの数量を販売しなければ、利益が上がらない事業だということを知っておきましょう。

損益分岐点売上高を計算するのは、自分の頭を整理しておくためのもので、これをそのまま外部にだすのではありません。

3 利用する財務諸表の構造と役割を理解する

損益計算書から費用と利益がわかる

事業計画書によくでてくるのが、右肩上がりの売上げ・利益を予想したグラフです。これは事業の成長を示すために必要なものですが、これだけしかださないと、このグラフがうさんくさいものになってしまいます。

このグラフをつくるためには、もとになるデータがあるはずです。そのもとになるものが財務諸表であり、損益計算書、貸借対照表、キャッシュフロー計算書の3つがあります。

損益計算書は事業の内容を収益面からとらえた表です。

事業（会社）では、仕入れた（製造した）商品を販売することで売上げがたちます。仕入れた（製造した）商品は原価となり、売上げから原価を差し引いたものが粗利益です。粗利益が上がらないような事業なら、やらないほうがいいでしょう。

事業にかかる費用は原価だけではありません。商品を売るために広告宣伝をしたり、電話代、交通費などの事務費用、あるいは人件費などもかかります。こうした費用を販売管理費（販管費）といって、これを粗利益から差し引いたものが営業利益となります。事業を行うときの利益というとこの営業利益を指します。

ちなみに、事業を立ち上げるときは、立ち上げにともなう販管費が大きくなりがちなので、最初のころはどうしても赤字になることが多いのです。

売上げがどのくらい上がり、原価はいくらで販管費はどれくらいかかり、その結果営業利益はどのくらい上げることができるのか、これを損益計算書であらわします。売上げと利益のグラフは、損益計算書をもとにつくります。

貸借対照表からお金の調達とつかい途がわかる

よく、ベンチャー企業の経営者は、キャピタルゲインを得て大金持ちになる野望をもっているといわれます。もし、そうであれば、貸借対照表を理解しておくことです。損益計算書はP／Lといわれていますが、貸借対照表はB／Sともいいます。

B／Sは調達したお金をどのような資産に投資したのかをあらわすものです。B／Sの右側は資金調達の方法、左側は投資した資産をあらわします。

資本金５００万円、借り入れ５００万円で１０００万円集めたとすると、B／Sの右側は

損益計算書のしくみ

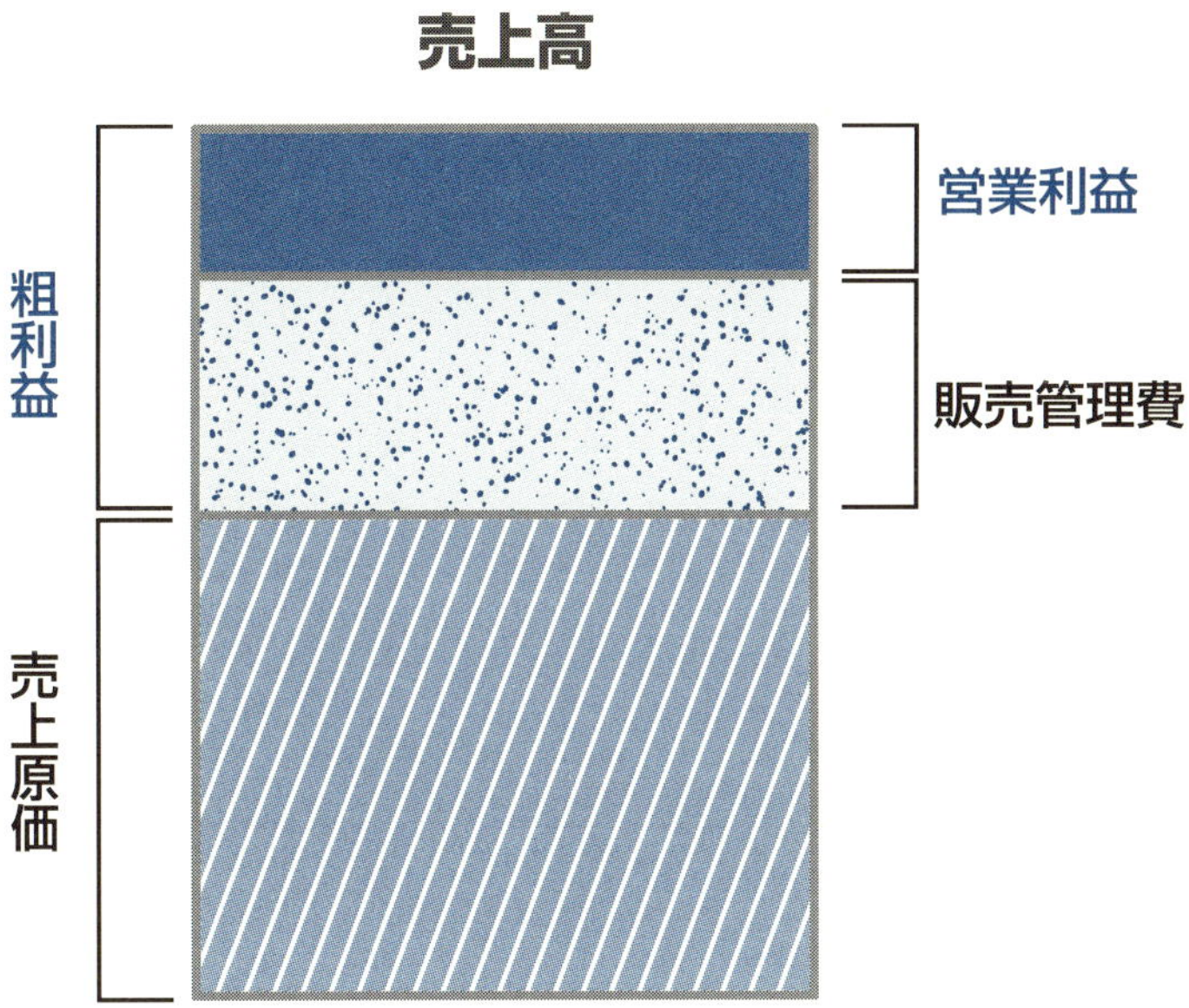

粗 利 益 ＝ 売上高 － 売上原価

営業利益 ＝ 粗利益 － 販管費

負債（借り入れ）５００万円、資本５００万円となります。この１０００万円の資金で３００万円の設備を買い、原材料を２００万円仕入れたとすると、手元には５００万円の現金が残っているので、Ｂ／Ｓは左ページのようになります。

会社としては、借金よりも自己資本のほうが多く、現金をたくさんもっている（あるいは毎年確実に現金を稼げる）会社が、企業価値は高いと判断されます。企業価値はB／Sにあらわれます。将来に向けて企業価値を高める経営をするためには、Ｂ／Ｓをきちんと理解しておくことがとても大切なことです。

資金ショートを起こさないためにも資金繰表をつくる

「勘定あって銭足らず」という言葉がありますが、利益が上がっているはずなのに倒産することがあります。そんなバカなことがあるのかと思われるかもしれませんが、実際に起こっていますし、あなたの場合も起こりうることなのです。

会社の経理では、商品を相手に渡したときに売上げを立てます。しかし、商品を売上げたからといって、現金がすぐにはいるわけではありません。売上げを立てる時期と現金がはいる時期が３ヵ月くらい違うことはざらにあります。

それなのに、費用は売上げよりも前に発生することが多いので、支払いも同じように３ヵ

貸借対照表のしくみ

資　産	負　債
	資　本

調達したお金の使い途を表わす

お金の調達方法を表わす

【例】　資本金500万円、借入金500万円を調達して設備300万円、原材料200万円を使い、手元に現金500万円があるとき

資産の部		負債の部	
		借入金	500万円
現金	500万円	資本の部	
原材料	200万円		
設備	300万円	資本金	500万円

月後になるとしても、売上げによる現金が入る前に支払うことになります。また、ベンチャー企業などではとくにそうですが、信用がないために、仕入れのときは現金でなければ取引しないというケースがあります。

現金が先にでて、入金があとになるので、ここにタイムラグができます。このときに、もし手持ち現金がなくて、仕入れた商品の代金が支払えなくなったとすると、いくら1ヵ月後に売上げの代金がはいるといっても、支払いができなければ破碇してしまいます。

利益をみるP／Lでは儲かっているのに、手元に現金がないために行き詰まってしまうというわけです。

お金の出入りをみるのが資金繰表です。ベンチャー企業の経営では、利益の状況をみる損益計算書も大事ですが、現金の流れを重視した経営がとても大事になります。ちなみに、キャッシュフロー計算書は資金繰表の一種です。

財務諸表というと、一定の期間が経過したあとにつくる、通知表のようなものです。ただ、これから事業を始めるわけですから、財務諸表は1期ごとの将来の決算を予測していくためにつかいます。とくに、損益計算書は月次単位でつくり、予定通りに進行しているのかをみていきます。また、資金繰表は資金ショートを起こさないためにも、毎日の現金の出入りが確認できるものをつくるのがいいでしょう。

資金繰りが必要となるしくみ

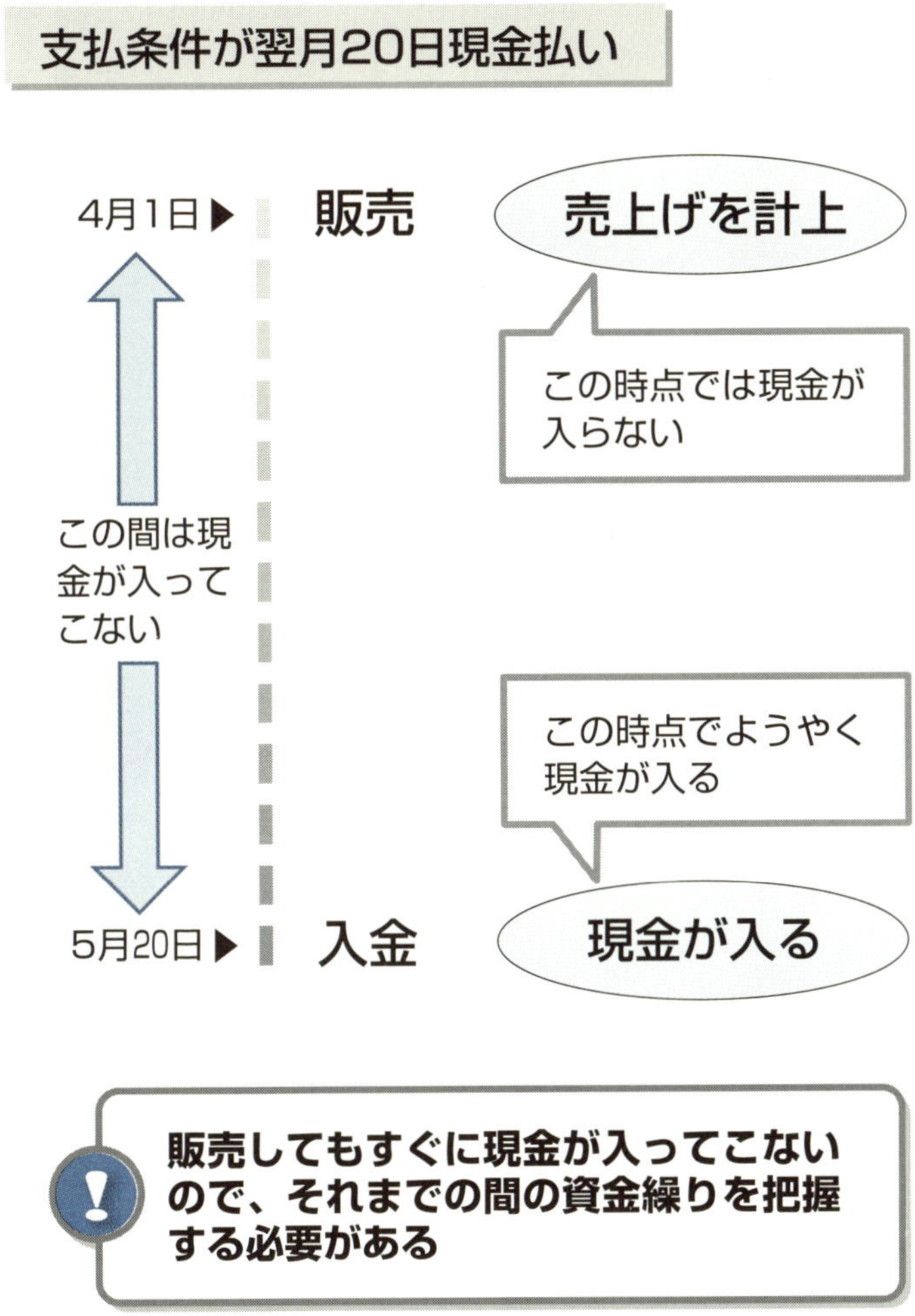
支払条件が翌月20日現金払い
4月1日▶
販売
売上げを計上
この時点では現金が入らない
この間は現金が入ってこない
この時点でようやく現金が入る
5月20日▶
入金
現金が入る
販売してもすぐに現金が入ってこないので、それまでの間の資金繰りを把握する必要がある

4

事業計画を現実とかけ離れたものとしない

根拠ある数字を財務諸表に反映させる

事業計画は、実現性のあるものとすることが大切です。それには、財務諸表を時間の経過で表現する、つまり1ヵ月ごとに連続して3年分とか5年分をつくるようにします。これは137ページでもいいましたよね。

財務諸表というと、結果を数字であらわしたものになります。しかし、ここでは結果論ではなくて、将来のことを書くのだということを肝に銘じておきましょう。

たとえば、費用の科目には仕入れ、旅費交通費、人件費、地代家賃、広告宣伝費、減価償却費など、たくさんの科目があります。この科目に数字を入れようとしたら、なぜその金額になるのか根拠が必要です。

事業計画書をつくるにあたっては、すでにこの製品はどれくらい売れそうだということを、自分のなかで感じ取っているはずです。それが根拠となります。そうした数字を科目ごとに将来の予測として財務諸表に反映させていくことが大切です。

たとえば、1ヵ月の販売数量はこれくらいだから仕入れはどのくらいになるとか、人を何人雇うので人件費はどれだけになるというように、それぞれの科目ごとに計画があるはずです。こうした作業をしていけば、根拠ある数字はつくることができます。

根拠が必要なことはわかっていても、「どうせ予定通りにはいかない」などと考えて、「売れるかどうかはわからないけど目標は大きいほうがいい」とばかりに、大体これくらい売れるから売上高はこれくらいだろうと、大まかな数字を書くことがあります。

そうすると、いざ関係者に事業計画書をみせたときに、「売上げ計画は過大ではないか」と質問されると、きちんと反論ができなくなってしまいます。根拠をないがしろにしているから、いいかげんな事業計画書になってしまうのです。

実現できる計画をつくる

よく仕訳という言葉をつかいますよね。仕訳というのは、お金の出し入れを科目ごとに振り替えていくことです。取引先にタクシーで行ったとしたら、「交通費としてタクシー代を現金でいくらいくら支払った」というように、振替伝票で仕訳をします。モノやお金が動いた結果について仕訳をしているわけです。

実は、結果について仕訳するのは間違っていると、私は思っています。最初にどの科目ではお金をどのような使途に、どれだけつかうのかを決めていれば、仕訳は考える必要がなくて、つかうときには決まった科目で仕訳されているはずです。

ところが、お金をつかったあとで仕訳して、どの科目に入れようかと考えるつかい方をしているからダメなのです。いまつかっているお金はどの売上げに対応したどの科目のお金だということがわかっていれば、計画は実現していくはずです。わかりやすくいえば、計画にもとづいたお金のつかい方をするということです。

しかし、その計画をつくらずにお金をつかうから、チラシ広告にいくらつかい、結果として広告宣伝費はいくらであったとなります。そして、ある期間たったときの売上げと利益は、最初に考えていた数字と違ってしまうことになります。それなのに、来期も大体同じようにいくだろうと考える、そうした事業計画のつくり方をしている人が多いのです。

そうではなくて、これからやろうとする事業については、やはり1つの科目ごとに根拠のある数字を積み上げていくことが大事です。予定なので、それが1年後には違っているかもしれません。違っていたら、違うことに意味があります。なぜ違ったのか、どこが違ったのかを分析して今後の経営にいかしていくことができます。これが予算と実績をつきあわせる「予実管理」です。一流企業ではこの予実管理がきちんとなされています。

「予実管理」を行うことを前提に計画をつくる

売上げ ＝販売数量×販売単価 ……………… ①

売上原価 ＝仕入数量×仕入単価 ……………… ②

販管費 ＝人件費＋広告宣伝費＋etc ……… ③

利益 ＝売上げ－売上原価－販管費 ……… ④

計画

売上げ	①
売上原価	②
販管費	③
利益	④

実績

売上げ	①´
売上原価	②´
販管費	③´
利益	④´

！ 計画と実績に差異がでたら分析して今後の経営にいかす

5 売上げと売上原価の計画をつくる

売上げ見込みは数量と価格から算出する

売上げ見込みは一定期間に売れる商品、サービスの数量に単価をかけて計算するのが基本です。数量がどれくらい売れるのかということと、いくらであれば売れるのかということを組み合わせて、一定期間（1日あたり、1ヵ月あたり、1年あたり）の売上げ見込みをつくります。

しかしながら、一定期間にどれくらいの数量が売れるのか、売れる価格はいくらなのか、この数字を決めることが難しいのです。

それに、たんに売れればいいというものではありません。販売して利益が残らなければ、事業を行う意味がないのです。

売上げから売上原価（仕入れ）を差し引くと粗利益がわかります。もしも、売上げが一定だとしたら、売上原価が高くなれば粗利益は少なくなり、売上原価が低くなれば粗利益は多

裏づけのある売上計画はこうしてつくる

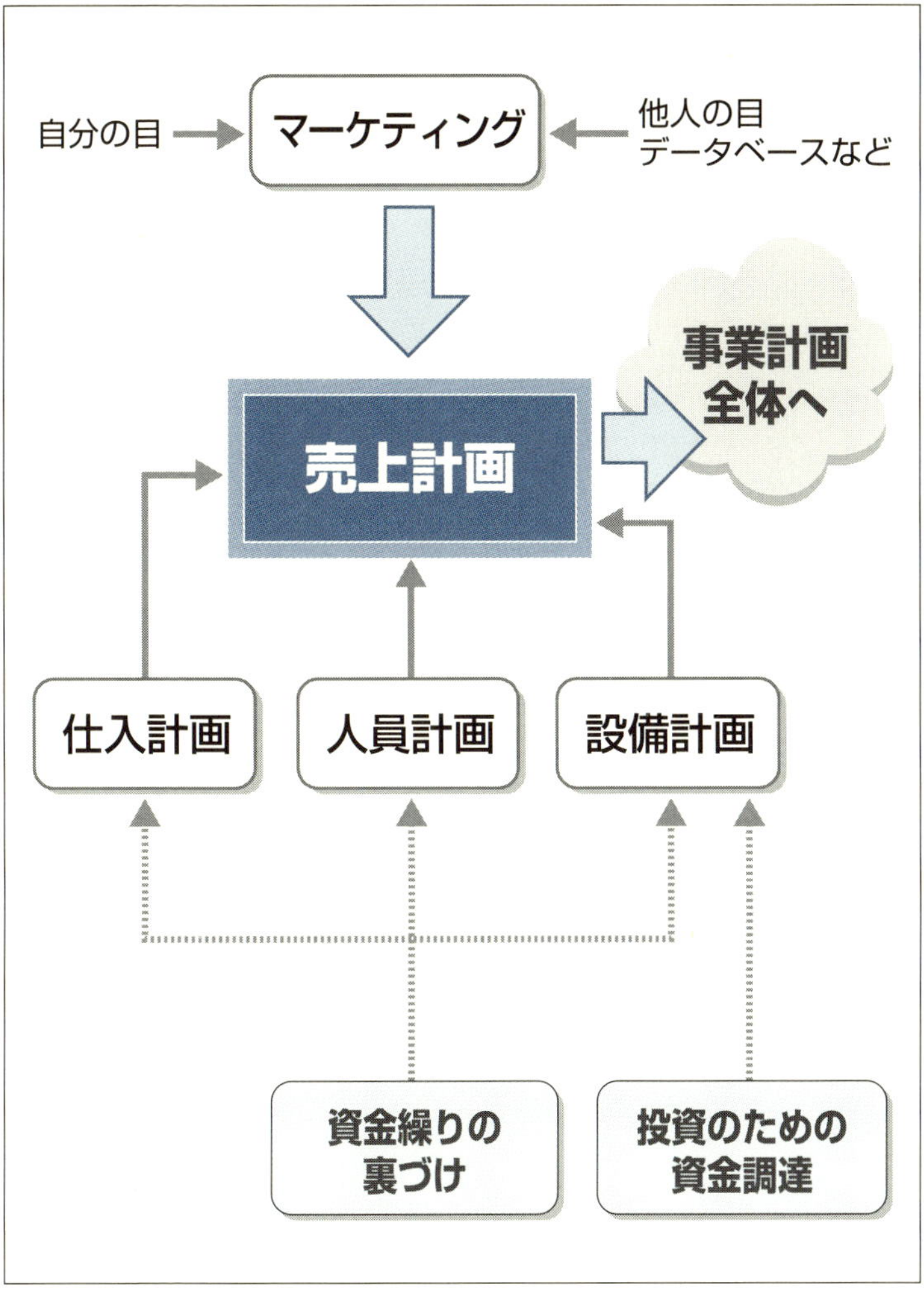

くなります。売上原価によって利益が変わってくるのです。

販売価格は根拠のある数字をつかう

それでは売上計画はどのように立てればいいのでしょうか。

売上計画を立てるときに、製品をつくったり仕入れたりするコストを積み上げて売上原価を計算し、それに利益を乗せて単価を決めるというやり方もありますが、売り値は基本的にはマーケットで決まります。

したがって、マーケットではいくらで売れるのかを判断することが、売上計画をつくるときのポイントになります。

このときに、前節でも述べましたが、動物的な勘とか希望的観測の数字を置くのではなく、根拠のある数字をもってきます。根拠のある数字とは、これまでにあなたが行ってきたマーケティングの結果と、自分が判断したデータに基づく将来の予測です。これを素直に反映させればいいのです。

自分の体験に基づいたり、自分が行ったマーケティングに基づいて立てる予測は、根拠のある仮説です。不幸にして、立てた仮説がはずれて売上げがそこまで届かなかったとしても、学習して次にいかすことができます。

役立ちシート 販売計画

商品	根拠	月		月		月	
		目標	実績	目標	実績	目標	実績

①商品の欄を顧客名にすれば顧客別の販売計画の表になるので業態に応じてつかいわける

②目標をつくるにあたっては必ずその根拠を書き入れる

これが当てずっぽうの数字ならば、立てた仮説を検証するという経験を積むことができずに、いつも一発勝負をしていくことになります。ということは、何年事業をやっていても、全然進歩しない会社になってしまいます。

売上原価を減らすことも考えておく

売上げの計画ができたら、利益を増やすためには売上原価を減らしていく努力が必要になります。つまり、どれだけ安くつくれるのかによって、利益が変わってくるということになります。

製造コストや仕入コストを減らすこと以外にも、販売するにあたってどれだけ安く運べるのかということでも、利益を増やすことができます。こうしたについても、きちんと考えておく必要があります。

また、売上げをある程度予測しておいても、予測の前提とした条件が変わることがあるでしょうし、仕入れも変化するかもしれません。

たとえば、商品の販売価格が予想以上に早く値下がりしたり、競合製品があなたが販売している商品よりも安く売られたりします。そうなると、売上げは減ります。当然、利益にも影響してきます。

幅をもたせた売上計画のつくり方

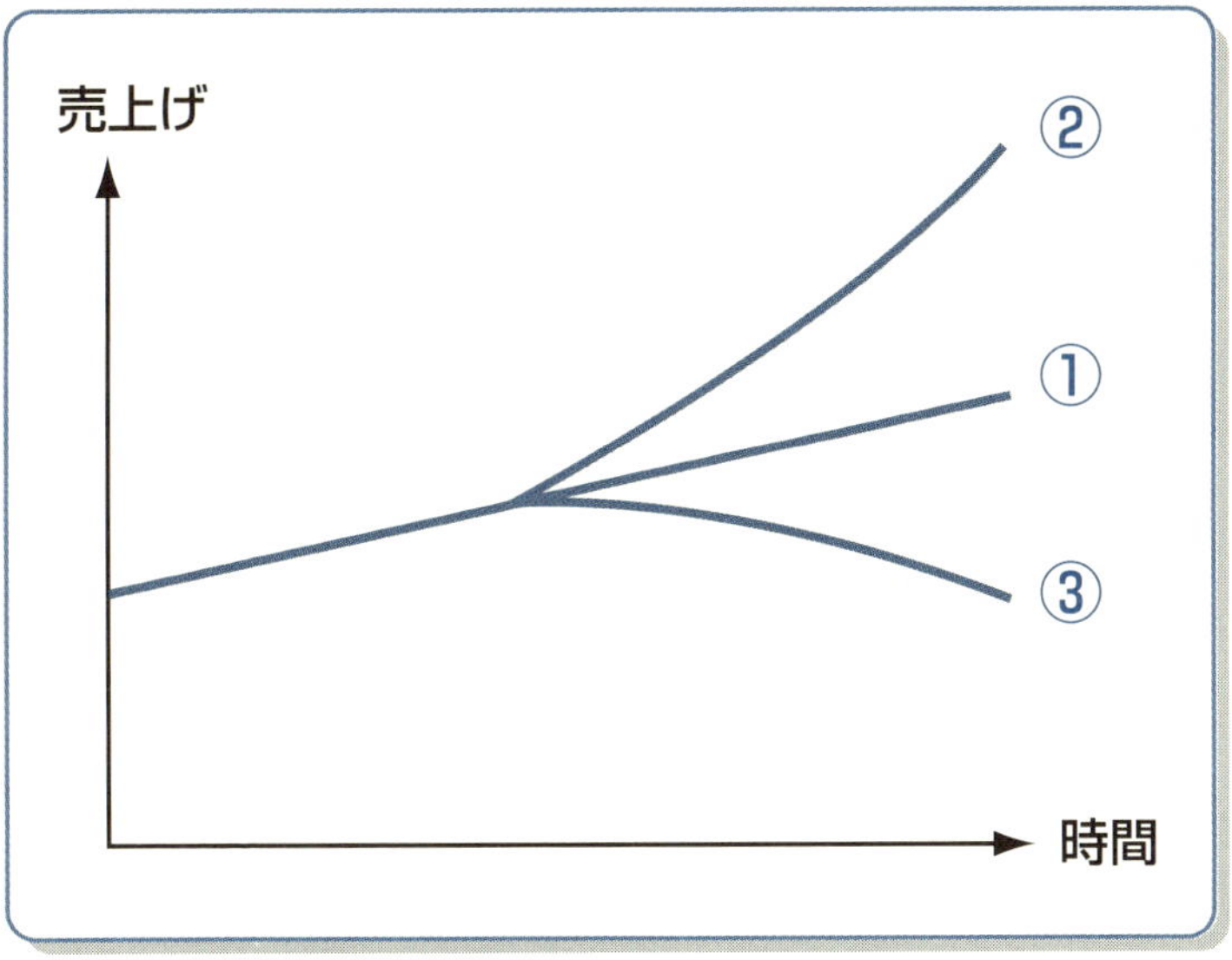

①基本となるシナリオ
②強気で楽観的に考えた計画
③厳しく考えた計画

実際の売上げが②と③の間ならば、予測の範囲内の実績ということができる

②と③の幅が狭く、その間で実績をだせる経営者は有能だといえる

変化に対応できる計画をつくる

1つの計画をつくったからといってその通りにならないことがままあります。したがって、さまざまな変化を予測して、将来の売上げがどのようになるのかを計画します。

具体的には、変化によっては良くなるケースと、悪くなるケースを想定し、計画しておけばいいのです。161ページの表をみてください。状況に変化がない計画をまずつくり、状況によっては良くなるケースと悪くなるケースの計画を付け加えます。

良くなるケースと悪くなるケースの幅を広くとっておけば、実績はこの範囲に収まるでしょう。しかし、この幅を広くとると、それに対する準備をたくさんしなければならなくなります。

有能な経営者は、この幅を絞り込み、その予測の範囲内で実績をだしていきます。むやみやたらと大きな幅にするのではなくて、できるだけ絞り込むことを考えて売上計画をつくってみてください。

人間はあらかじめ予想を立てておくと、いざそのときになってあわてずに対処できるものです。したがって、できるだけいろいろな場面を予測して、そのときにはどのように行動するのかを決めておくことが必要です。

6 販売管理費の計画をつくる

最も重要な要素が人件費

売上げから売上原価を差し引くと粗利益ができます。これで利益の源泉をみることができます。しかし、事業によって会社が儲かっているのかどうかをみるときは、粗利益から事務所の経費や人件費、通信費や旅費交通費などの事業活動にともなう経費、いわゆる販売管理費（販管費）を差し引いた営業利益がどうなるかで判断します。

この販管費をもっとブレークダウンしてみていくわけですが、そのときに最も重要なのが人件費です。すでにご存じと思いますが、製造業の場合は、工場で製品の製造に携わる従業員の人件費は製造原価に含まれるので、販管費のところに分類される人件費は営業や経理といった事務部門の人件費ということになります。

話をもとに戻して、人件費についての計画を立てるということは、人をどこに配置するかという人員配置計画、つまり組織図をちゃんとリンクさせて考えないと、計画自体がウソになります。

人についての計画を考えるときのポイントとして、まず「採用」「教育」「実践（実働）」「退職」というサイクルがあることを知っておきましょう。それぞれの段階で費用や時間がかかるので、とても重要な要素になります。それから、どんな仕事をするのかという役割と必要な人員は、時間の経過によって変化します。

売上計画に対応して人員計画をつくる

そこで、人員計画をつくるときは次のように作業していきます。

目標とする売上計画は時系列でつくりますよね。次に、それを実現する人員を売上計画に対応するように時系列で変化させます。

167ページをみてください。人員計画をつくるときの表です。タテ軸に組織図あるいは業務ごとに細分化した部門を、ヨコ軸には時間をもってきます。タテ軸は必要な部門や業務の内容によって、いくつでもつけ足すようにします。一方、ヨコ軸にとる時間は売上計画と同じ期間とします。売上計画の期間が3ヵ月ごとだとしたら、人員計画も3ヵ月単位とします。

人員計画の表では、タテ軸に営業部門とか経理部門というように書き入れます。もっと具体的に、たとえばスーパーなどでは「売り場」「加工」「ストックヤード」というように、業

「人」のサイクルを理解する

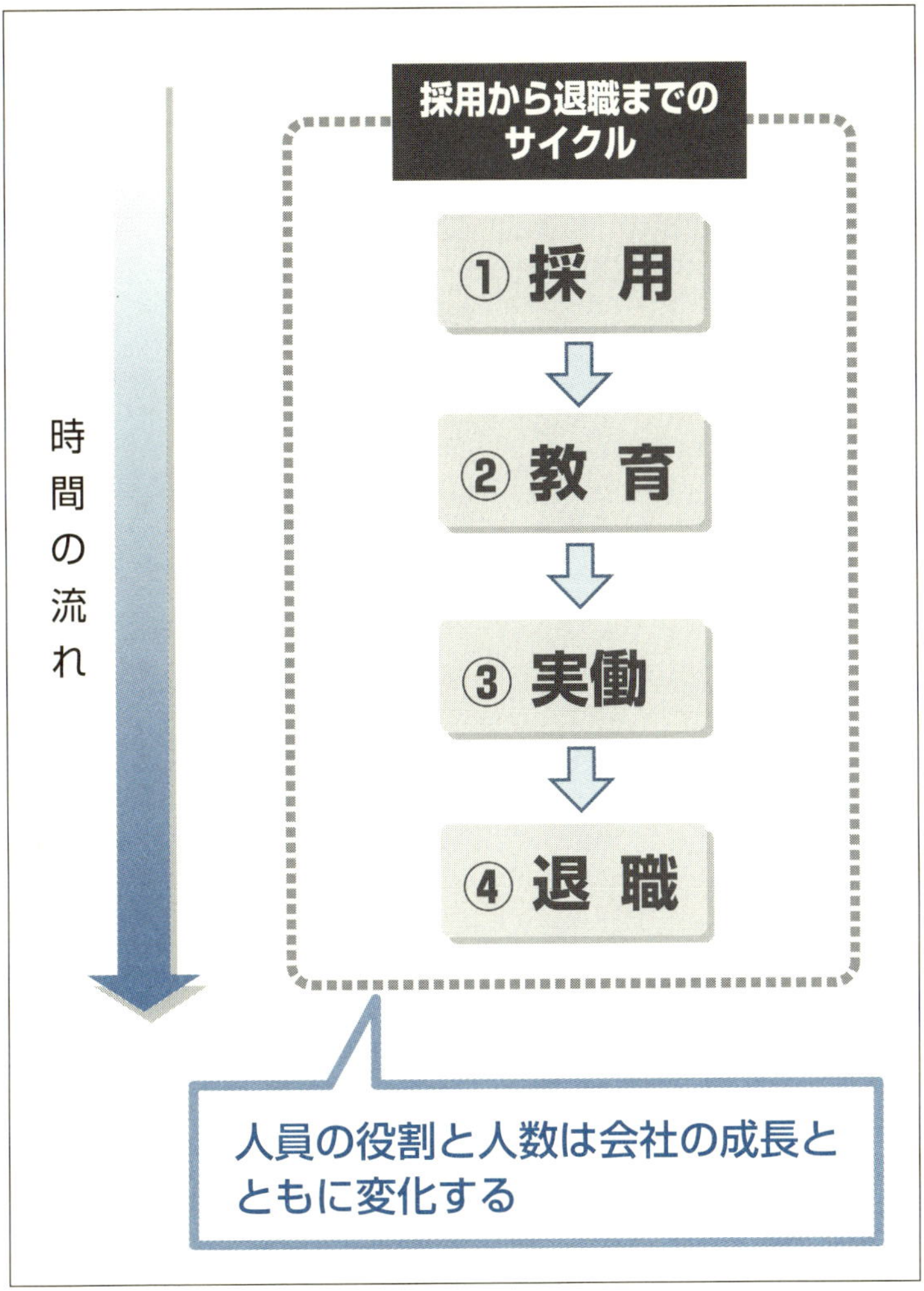

務内容で分けて記入してもいいでしょう。そして、ヨコ軸にとった期間ごとに必要とする人員計画を記入します。もし、精度を高めるのであれば、週単位、日単位というように、必要人員を見積る期間をどんどん短くしていけばいいのです。

こうしてできた表は、いつの時点で、どの部門に何人必要なのかということをあらわします。この数字に1人あたりの人件費をかけると、トータルの人件費がわかります。販管費の計画のところで、こうした人員計画をプリントアウトして添付しておくと、計画書に書いてある数字が、裏づけのあるものと判断されます。

人員計画はそのまま組織図になる

また、見方を変えて人員計画表をみてみましょう。この表のタテ軸にある部門は会社が必要とする「部」なり「課」のはずです。とすると、この表のタテ軸があらわしているのは、まさしく組織図なのです。

人員計画表と組織図はリンクしていなければウソになります。

人員計画表をきちんとつくると、非常に精度が高くて効率がよく、実現性のある事業計画書をつくることができます。

役立ちシート 人員計画表と人件費計画表

部署	役職	仕事内容	担当者	月	月	月	月	月
営業部	部長	営業管理	山田	→	→	→	→	→
		営業	大川	→	→	→	→	→
			A			→	→	→
	計(名)			2	2	3	3	3

部署	役職	仕事内容	担当者	月	月	月	月	月
管理部	部長		A	→	→	→	→	→
		経理担当	B	→	→	→	→	→
		〃	C		→	→	→	→
		総務担当	D	→	→	→	→	→
		〃	E				→	→
	計(名)			3	4	4	5	5

部署	役職	仕事内容	担当者	月	月	月	月	月
管理部	部長		A	400	400	400	400	400
		経理担当	B	300	300	300	300	300
		〃	C		200	200	200	200
		総務担当	D	300	300	300	300	300
		〃	E				200	200
	計(千円)			1000	1200	1200	1400	1400

下の表は中段の表の人員計画を人件費計画に変えたもの

7

投資に関する計画をつくる

投資計画と資金計画の整合性をとる

これまでは売上げと費用から利益の計画をつくってきましたよね。ここでは、投資の計画をつくっていきます。

これから事業を始めるベンチャー企業では、資金を運用するために有価証券などに投資することはありませんから、投資といえば事業への投資となります。なかでも製造設備をつくる、お店を開店するといった、設備投資計画が必要になります。

設備投資は、売上計画を実現するための投資です。したがって、売上計画にマッチしたものになるはずです。

お店をつくって9月から販売を開始することになっていて、その月から売上げを立てているのに、お店の開店にともなう設備投資は10月からというのは、ありえないことです。9月よりも前に設備投資ができていなければ、開店できないはずです。こうした整合性をきちんととってください。

それから、投資が大きな金額になるとしたら、お金が払えるのかということが重要になってきます。お金の入りと出、キャッシュフロー面で実現性に不安がないのかどうかをきちんと把握しておく必要があります。

設備投資資金の手当てのメドがついたとしても、入金するのが7月なのに、支払わなければならないのが5月だとしたら、資金繰りはできていないのと同じことです。

投資計画と資金繰りに矛盾がないかをチェックするために、設備計画の表（170、171ページ参照）をつくります。この表は、タテ軸に投資する設備の名称をとり、ヨコ軸には設置の時期、数量、金額のほか、投資した設備の支払い条件を記入するようにします。こうすることで、少なくとも設備投資に関する資金繰りの状況がわかります。

こうしたことは、財務諸表のB／Sとキャッシュフローに関係することです。資金調達の方法と何に投資したのかというのはB／Sにあらわれますし、資金調達と支払いのタイミングについては資金繰表にあらわれます。

また、設備投資をしたあとには維持コストがかかるのに加え、減価償却費という費用もでてきます。これはP／Lの費用に盛り込む内容です。このような表をつくることによって、見込みの財務諸表はよりしっかりした裏づけを持ったものとすることができるのです。

	月	月	月	月	月	月	月

	月	月	月	月	月	月	月

	月	月	月	月	月	月	月

部署ごとにつくることもある
も同時期に行われるのではないのでわけて書く

役立ちシート 設備投資表

部署	設備内容	数量	金額	その他	
A部署					作業予定
					支払い予定
					作業予定
					支払い予定
					作業予定
					支払い予定
					支払い合計額

部署	設備内容	数量	金額	その他	
B部署					作業予定
					支払い予定
					作業予定
					支払い予定
					作業予定
					支払い予定
					支払い合計額

部署	設備内容	数量	金額	その他	
					作業予定
					支払い予定
					作業予定
					支払い予定

①設備投資計画表は会社全体だけでなく、
②設備投資の作業予定と支払予定は必ずし

8 資金調達の計画をつくる

調達したい金額は裏づけのある数字にする

事業計画をつくるのは、資金調達が大きな目的の1つとなるので、相手を説得できるような内容とすることがとても重要です。

これから行う事業のために財務諸表をつくると、事業でどれくらいの資金が必要なのかがわかってきます。事業を行うために、あなたは自分の資金も含めて、親兄弟、友人などからある程度資金を調達しているはずです。ところが、それでは足りないのでさらに資金調達をするわけです。

しかし、なぜ資金調達をするのか考えてみましょう。事業をするうえで設備投資や人員を補充するのに資金が必要となるからですね。それなら、なぜ設備投資、人員の補充が必要なのでしょうか。目的は売上げを達成するためですよね。

とすると、設備投資や人員を補充するための資金調達というのは、目標とする売上げを実現するための資金調達ということができるでしょう。

事業計画書に、裏づけの数字がないのに資金調達をしたいと書いてあるのは、たんなる資金繰りのためとみられます。これでは資金をだそうという奇特な人はいないでしょう。

また、売上計画を実現するために資金調達をするわけですから、資金調達しようとする金額は、事業全体にかかる資金から手元にある資金を差し引いた金額になるはずです。そうすると、その金額は５００万円というようなきりのいい数字ではなくて、４６８万３５００円と端数のある具体的な数字がでるはずです。

実際に必要とするのは４６８万３５００円なのに、調達したい金額を５００万円とするから、事業計画書がいいかげんになるのです。事業計画書には実際に資金調達したい金額をきちんと書きましょう。なお、資金調達についてはこれだけの資金が必要だという内容のものにします。

調達は借入金か資本金かはっきりさせる

次に、資金調達の種類と役割をはっきりさせましょう。

資金調達の種類には、資本金として出資してもらう、お金を借りる（借入金）などがあります。資本金と借入金では大きな違いがあります。借入金は利子をつけて返さなくてはなりませんし、出資は返済しなくてもいい代わりに経営に口出しができる「議決権」がつきます。

したがって、調達する資金はそれほど大きな金額でなくて返済できる、経営に口出しされたくないということであれば、資金を借りるほうがいいでしょう。

しかし、必要な資金の額が大きくて返済していくことがなじまない事業には、経営に口出しされても返済しなくてもいい出資のほうがいいかもしれません。また、資本調達を戦略的に使うことができます。出資を受け入れることによって、その会社と技術や販売面で提携できるなど、事業を行ううえでメリットがあるケースもあります。

目的に応じた資金調達を考えていくことが大切になります。借入金にしろ出資にしろ、資金調達をしたらあとのことも考えておかなければなりません。

出資の場合は返済しなくてもいいのですが、利益を上げて配当をして株主に報いる、あるいはジャスダックのような新興市場に上場してキャピタルゲイン（値上がり益）が得られるようにする、などが求められます。それには、あらかじめ配当計画や上場計画をつくっておき、それを提示できるようにします。

一方、借り入れの場合は返済計画を考えておきます。利益を上げて返済原資をひねりだし、そこから返済していきます。資金を調達したら、こうしたことを最初から考えておかないと、配当や返済はなかなかできないものです。

個別計画と財務諸表の関係を知る

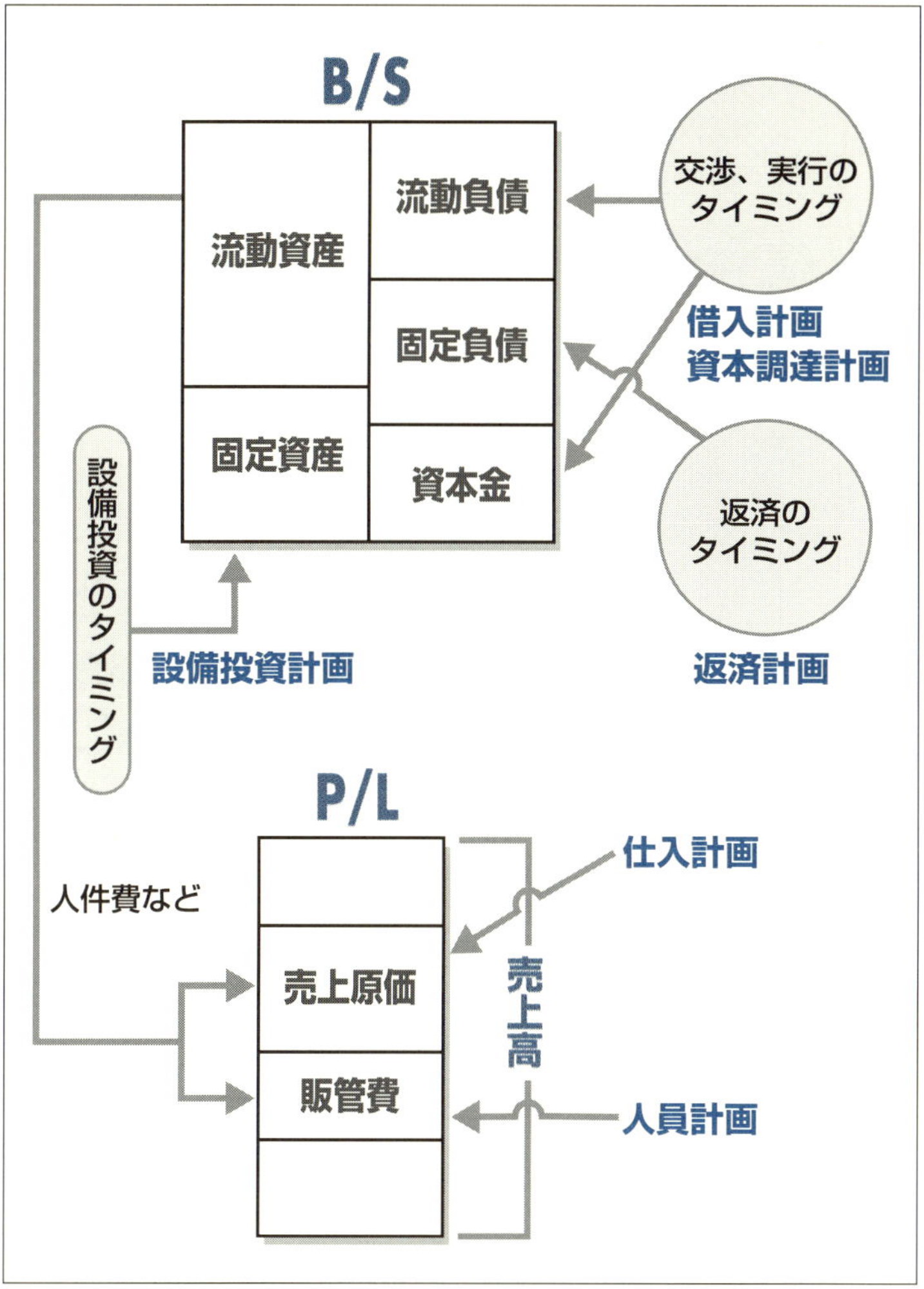

9 事業のボトルネックをみつける

何が発展の妨げになるのかを理解しておく

これまで、財務諸表をつくってきたわけですが、この作業をすることで、事業の根幹にかかわる売上げと設備や人員などの関係がはっきりとわかってきます。実は、ここが一番大事なことで、これによって事業におけるボトルネックがわかってきます。

事業におけるボトルネックというのは、生産や販売を行うにあたって現状のままでは発展の妨げになるもののことです。

たとえば、製造業の場合では、商品が売れていくら売上げが上がっても、生産する工場では製造設備の能力を超えて生産することはできませんよね。月に5万個販売できるといっても、生産能力が月産3万個だとすると、3万個以上生産できないので、これがボトルネックになります。販売量に見合う生産をしようとしたら、製造設備を増やすことが必要です。

サービス業の場合でも同じです。たとえば、美容院では1人が1日にサービスできる人数が8人だとしたら、それ以上の人に対応するには設備と人がボトルネックとなります。このボトルネックを取り払わないと、売上げを増やすことはできないことになります。

ボトルネックになるのは設備や人だけではありません。新しく製品をつくり出すためにはある技術がなければつくれないとしたら、その技術がボトルネックとなります。また、工場を建設するのに、ある条件を満たさなければならないとしたら、その条件がボトルネックとなるわけです。

自分の事業では、何がボトルネックになるのか、これをきちんと把握して、それに対処していく必要があります。そうでないと、売上げの限界があるかもしれない、設備の限界があるかもしれない、あるいはお金の限界があるかもしれないということになります。

ボトルネックの解消が競合相手よりも優位に立たせる

同じような事業を行っている事業者、いわゆる競合相手は、必ず同じボトルネックにたどり着きます。これをブレークスルーした人が勝つのです。したがって、ボトルネックを把握して、できれば挑戦的な課題をみつけて、それについての対策を積極的に考えていくのがいいでしょう。

それによって、他社との差別化を図ることができ、ほかよりも頭ひとつ飛び出た仕事をすることができることになります。これはそのまま事業でシェアがとれることにつながりますから、事業計画をつくりながらも、こういうことを考えておくことが大切なのです。

美容室のチェーン展開をしている田谷という会社があります。美容院を拡大していくときに、ボトルネックになるのは熟練した美容師を確保できるのかという点です。田谷では、低価格の美容院「Shampoo」をオープンさせました。この美容室は、髪の長さ、前髪、横髪のスタイルをそれぞれ数パターンにマニュアル化し、熟練の美容師でなくても一定の技術があれば対応できるようにしたのです。

そして、Shampooで経験を積み、技術の向上した美容師を1ランクうえの美容室に移すという方式をとったのです。ボトルネックをブレークスルーすることで、事業分野は同じでも、新しいビジネスモデルの事業をつくりあげたということができます。

ボトルネックをブレークスルーすること自体が、いまやろうとしている仕事ではなくて、新規の事業になることがあります。自分が困っていることを自分で解決できたら、競合他社にその解決方法を提供することができます。そうすると、それ自体が事業となり、本業をやめてもそれが利益をだすことができることもあります。

ボトルネックを解消するというのは新規事業のヒントの宝庫といえます。事業計画をさまざまな観点から検討することの大事な点が、ここにあるのです。

ボトルネックとなるもの

資金
- 保有する現金
- 借入能力

資産
- 設備
- 場所

人材
- スキル
- 人手

無形のモノ
- ノウハウ
- ネットワーク

時間
- タイムリミット
- 需要の波

第5章

リスクとコンプライアンスを理解する

1

事業のリスクを洗いだす

リスクには3つのタイプがある

最近はリスク管理という言葉がつかわれるようになりました。事業において、どのようなリスクがあって、それにはどう対処するのかを管理しようということです。新しく事業を行うときにも、このリスク管理の考え方が必要です。

基本的に、リスクにはいろいろなものがあります。その中で一番怖いリスクが、リスクを想定していないということです。あらかじめリスクを想定していれば、そのときにきちんと対処できるので、危険なリスクではなくなります。

しかし、リスクを想定していないものだから、そのときになってオタオタしてしまうのです。こうした事態を避けるためにも、事業のリスクを洗いだす作業が必要になります。

リスクは切り口によって大きく3つに分けることができます。

1つは、「前向きなリスク」と「後ろ向きなリスク」です。前向きなリスクというのは、挑戦するときに起こる課題と言い換えてもいいものです。たとえば、新たな商品を開発するとか、チェーン展開を始めたり、海外進出をするというようなことです。

これに対して、後ろ向きのリスクというのは、事故であるとか、不正であるとか、法令違反といったような、リスクに対する備えがあれば未然に防げるはずの問題です。工場が火事になって生産がストップしてしまったとか、役所の認可が必要なのに届出をしただけで稼働を始めたら生産中止の処分が下されたなどというのは、後ろ向きのリスクです。

社長自身の性格や健康もリスクになる

2つ目が、「内部的なリスク」と「外部的なリスク」です。つまり、事業計画の前提とした仮説がくずれるということです。内部的なリスクとは会社内部に起因するもので、社員や社内の組織の能力、場合によっては社長自身の性格や健康が問題なることもあります。

一方、外部的なリスクは会社の外にあるもので、同業他社との競合、原材料価格の急上昇、あるいは金利の上昇といったものです。業種によっては、天候などの気象の変化も外部リスクとなります。

飲み物や弁当などの販売をしていれば、天気によって売れ行きが左右されますよね。天気がよくて暑い日が続けば清涼飲料水やビールなどは売れますが、寒いと売れ行きは鈍ります。これも事業における外部的なリスクです。

SWOT分析の手法でリスクの洗いだしをする

3つ目は「現在みえているリスク」と「現状ではみえにくいリスク」です。現在みえているリスクには、社員が足りない、許認可をとっていないなどがあります。現状ではみえにくいリスクには、新しい発明をしたので特許料が増えるとか、ほかの業種などで需要が増えて、つかっている原材料の値段が高くなるなどがあります。

こうしたリスクをすべて洗いだしましょう。そのときに使うのが左ページの表です。ヨコ軸に「現在みえているリスク」と「現状ではみえにくいリスク」をとり、タテ軸に「前向き、後ろ向き」と「内部的、外部的」なリスクをとります。これはどこかでみた表ですよね。そうです。これまでみてきたSWOT分析の表と同じです。リスクの洗いだしをSWOT分析の考え方で行うのです。なお、「前向き、後ろ向き」なリスクと「内部的、外部的」なリスクをとってSWOT分析するのことも有意義なことです。

極論を言えば、予測された失敗は計画のうちで、決定的な失敗ではなくて学習です。予測していないからてんやわんやになり、場合によっては会社がつぶれてしまうこともあります。あらかじめ、リスクをリスクとしてとらえておくことの大切さを知っておきましょう。

役立ちシート　リスク分析表

		現在みえている		現在ではみえにくい
前向き	外部		外部	
	内部		内部	
後向き	外部		外部	
	内部		内部	

2

事業計画ではリスクを明確にしておく

リスクのない事業はない

事業計画書で、このように事業は伸びていくという、きれいに右肩上がりの事業計画をよくみせられます。そうした事業計画書にかぎって、事業におけるリスクについては全然触れていなかったりします。

事業計画書の中でリスクを明確にしているのは、とてもいい事業計画書です。これは断言できますが、リスクのない事業はありません。ですから、それを経営者がきちんと認識しているかどうかが、ここでわかるのです。

それなのに、リスクについて触れていない事業計画書が多すぎます。そうした事業計画書をみると、事業のリスクについてまったく考えていないのではないかと、本気で心配になります。

事業計画書には「私の事業はこういうもので、それにはこれこれのリスクがあります」と

役立ちシート リスク洗いだし表

	考えられるリスク	その対処法
人		
モノ		
金		
情報・その他		

書いておけばいいのです。問題はリスクの種類と程度です。

事業におけるリスクの程度により、対処が困難ではないと判断すれば、事業計画書をみせられたほうでも、「出資する」とか、「資金の貸し出しをする」というように、決断が下しやすくなります。

リスク情報を伏せたり隠したりしない

また、リスクへの対処の仕方はそう簡単でなくても、それに対する解決策が明示されていれば、ネガティブにとらえられることはありません。

ちょっと話はズレますが、投資家などの場合、投資にリスクがあるのは当たり前だと思っています。だから、リスクをとることを任せられる経営者なのか、その人間についてさまざまな角度から判断します。

したがって、大きなリスクであっても、この経営者なら任せられるとなれば、資金をだしてくれます。しかし、リスクはかなり軽いといっても、この経営者には任せられないとなったら、まず資金はだしてくれません。

こうした人たちには、情報を伏せたり、隠したりすることは害になりこそすれ、利益になることはないのだということを理解しておきましょう。

3

撤退ルールをあらかじめ決めておく

失敗したときの損失を限定する

事業にはリスクがつきものですから、どこまでのリスクならとるのかを明らかにしておく必要があります。損失限度といいますが、事業が失敗してもこれだけの損失にとどめるという、限定した金額を決めておくということです。

たとえば、資本金として1億円集めたけれども、この金額のうち手持ちのキャッシュが7000万円を切ったら事業をやめる、あるいはこの事業で3500万円までは損失をだしてもいいというように、事業を続ける限界というか、事業から撤退するときのルールを決めておくことが大事です。

失敗したら2度と立ち上がれないというのは、あまりいいことではありません。失敗しても、損失を限定しておけば、捲土重来を期すことができます。

ソ連崩壊後のロシアでは、誰も止める人がいなかったから、核でも、ゲノムでも、研究所などではずっとその研究をしていました。その結果として、すごい発明がされたという笑い話のようなこともあります。それと同じで、事業をやめる仕組みがなかったら、やめることができません。

ルールを決めても、それをチェックする人や組織がなければ、ルールは守られないこともあります。そこで、誰が（どこが）チェック機能を果たすのかを決めておき、ルールを守っていくようにします。事業計画書にはこうしたことも書いていきます。

続けるかやめるかの見切り時を誤らないようにする

実際に事業を始めると、損失限度に達する前であっても、最初のうちは累積損失が出てきます。設備投資や販管費は先に支出し、売上げはそのあとから入ってくるので、当たり前のことですよね。

ところが、売上げがたち始めたら、最初の累損は少しずつ減っていったり、増えていったりと、変化していくことになります。こうした時系列での累損と手持ち資金の変化を、常に把握しておきます。

つまり、いまやめるといくらになるのかを、経営者としてきちんと把握しておく必要があるのです。これによって、経営に緊張感がでます。何よりも、こうしたことを把握していな

撤退ルールがあるときとないときの違い

事業が失敗

ケース1　撤退ルールを決めておかない

用意した資金がすべて無くなる

↓

損失が用意した資金を上回る

再出発が困難になる

ケース2　撤退ルールを決めおく

用意した資金が残る

↓

損失は限定的

再出発がしやすい

くて、突然資金が足りなくなるからあわててしまうのです。しかし、あと何ヵ月かは売上げがゼロであってもいい期間があると思ったら、「やるぞ」とがんばれるものです。

仕事というのは、成約をしてから売上金額が手元に入るまでにはリードタイムがあります。そのリードタイムと、損をしてもいい金額までにたどり着くまでの時間が重要なのです。たとえば、いま契約をして納品をすませても、売上金額が入金するのは6ヵ月後で、損失限度に達するのが2ヵ月後にやってくるとしたら、いま仕事をとってもしようがないわけです。

とくに、会社が倒産するというような次元のリミットであったら、いくら契約がとれるといっても、お客さんに迷惑をかけないためにも、とらないほうがいいということになります。こうした観点から仕事をみることも大事なのです。

経営者としては、このあたりの覚悟が必要です。そして、撤退するとなったら、損失をできるだけ少なくする手段をとることも大事です。

したがって、思ったように製品が売れなければ、早い時期に損をしてでも処分することで損失を確定したほうがいいことがあります。昔から「見切り千両」という言葉があるではありませんか。

製品だけでなく、会社そのものを処分することもあるでしょう。そのときは、値段がつくうちに売ることができるように、準備をしておくことが重要になってきます。

手持ち資金から撤退の判断をする

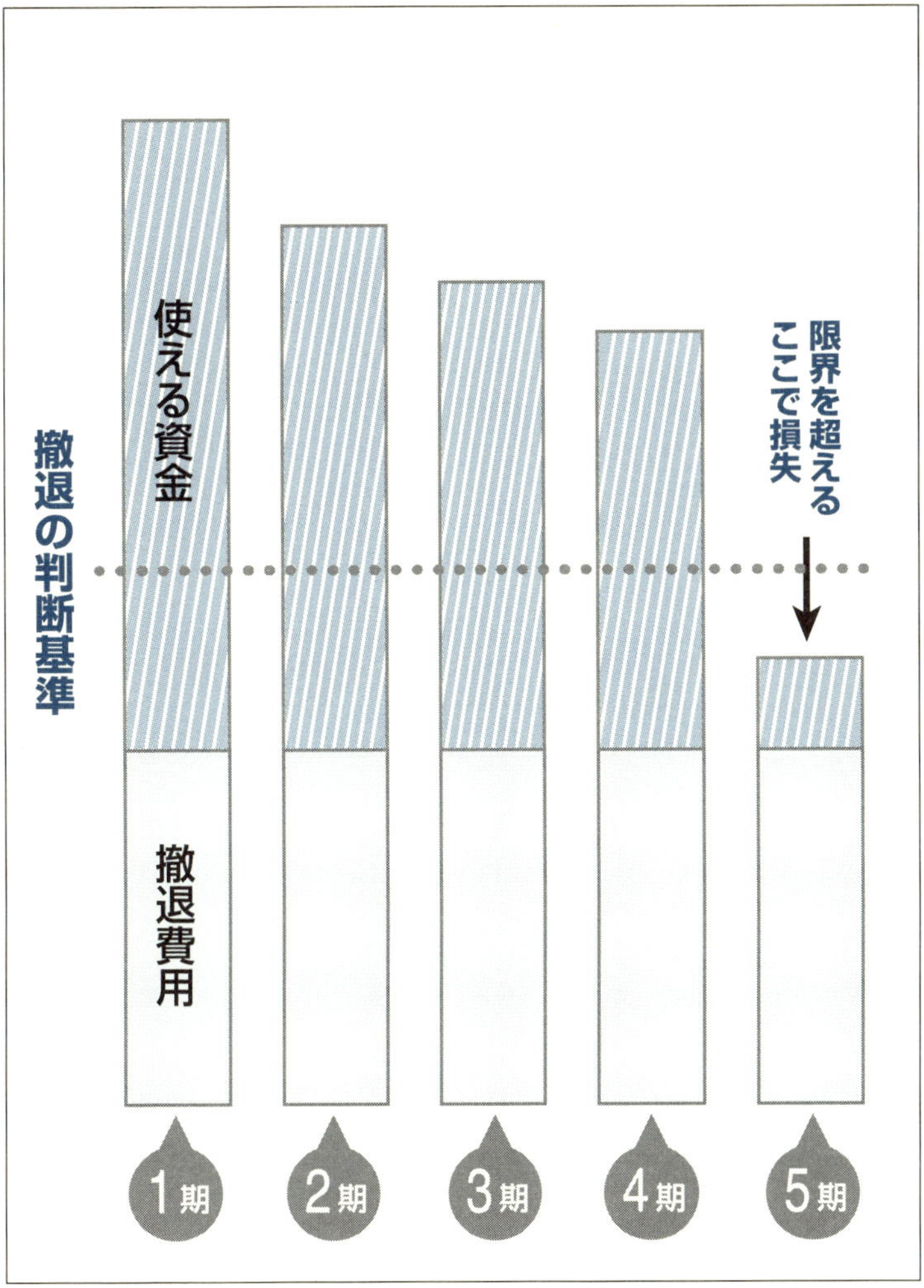

4 コンプライアンスを理解しておく

法令を知らないことがリスクになる

コンプライアンスもリスクとなります。コンプライアンスとは法令を遵守することなので、そのどこがリスクになるのかと思われるかもしれませんね。

ところが、会社を経営していくうえで、遵守すべき法令を知らなければ、遵守できないわけで、法令を知らないことがリスクになるというわけです。法令を確認しているかどうかを事業計画づくりの段階できちんとみていくことが求められます。

事業によっては、許認可が必要な業種だったり、国が認定する資格を持った人が必ずいる必要があったりします。

たとえば、床屋さんを開業しようとしたら、理容師の免許があれば誰でも開業できるわけではありません。理容院は許認可はいらないものの、保健所への届出が必要です。届出がないと、開業することができないのです。

役立ちシート　コンプライアンスをチェックする

項　目	内　容
規制はあるのか 資格は必要か 許認可は必要か 届出の義務はあるか 適用される法律は？ ⋮	

考えられるものを書きだして、具体的な内容と対応策を用意しておく

また、加工食品の輸入をするとしましょう。そのときに、アメリカで爆発的に売れているものだからといってそのまま日本で売ると、問題になることがあります。日本とアメリカではつかえる食品添加物が違います。アメリカでつかわれている添加物でも、日本では使用できないものがあります。

あるいは、商法で開示しなければならない義務があったり、経営面で守るべき労働基準法のようなものもあります。

事業に関する法令を知っておく

こうしたことを知らないで事業を始めようとすると、事業そのものを始めることができなかったり、せっかく輸入したものを販売できなくなったりします。場合によっては、気がつかないで違反していることもあります。こうしたリスクがあることをあらかじめ認識しておいてください。

だから、事業計画をつくるときには、自分が取り組もうとしている事業では、公的な資格が必要となるのか、あるいは業種として法律で規制されているものは何かなど、あらゆる面からコンプライアンスで問題になる芽を摘んでおくことが大切です。

5

会社の理念を確認する

法律よりも厳しく自分を規制する

36ページで会社の理念をつくっておこうという話をしました。ここでは、コンプライアンスという面からみた経営理念を考えてみたいと思います。

経営をするときは法令を遵守するといいましたが、それなら法律を守ればいいのかというと、それもちょっと違います。法律は守るべき最低限のことですから、守るのが当たり前のことです。法律に抵触しなければ何をやってもいいというわけではないことを、頭に入れておいてください。

コンプライアンスを経営理念という観点でみると、経営者はわざわざ法律を持ちだすまでもなく、至極当然として法律や規制を守っているのです。

最近増えてきた例ですが、環境にやさしい会社になろうという理念があるとしたら、環境規制に関係する法律には最初から触れるようなことはしないはずです。むしろ、法律では何グラムまでしか排出できないと規制されているような物質については、規制の数値内に押さえるのではなくて、排出をゼロに近づける努力をしようということなのです。

つまり、法律で規制されるからそれに見合った行動をするのではなく、もっと厳しく自分で規制していき、それに従っていくということです。それが本当のコンプライアンスということです。

理念を守ると法令遵守がリスクとならない

コンプライアンスは法令遵守という意味だけではなくて、社会秩序を乱す行動や社会から非難される行動をしないことと捉えられています。

これに対して、企業では経営者も従業員も「comply with our policy（理念に従う）」によって企業活動を行っています。そうであるならば、ポリシーが法律や規制よりも厳しければ、ポリシーに従うことになります。

会社にかかわるすべての人が、ポリシーを守っていくという意識が強くなると、法律や規制を守るのは最低限のことであるので、コンプライアンスがリスクとなることはなくなるはずです。そのことからも、会社の理念をみていくというのはとても有意義なことなのです。

会社の理念のコンプライアンス

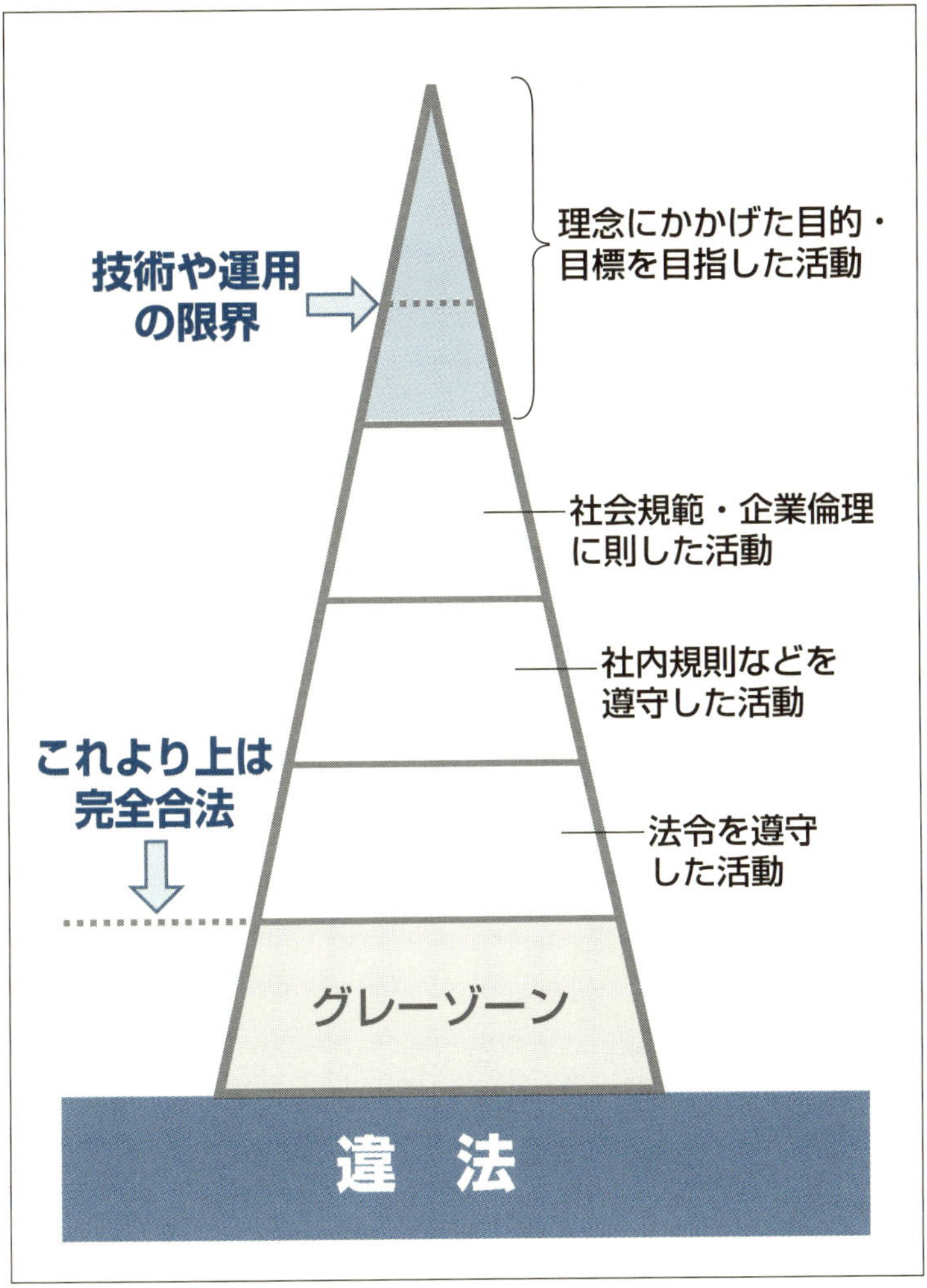

第6章

事業計画書をまとめる

1 事業計画書はこのようにつくる

取材ノートをもとに相手に応じた事業計画書をつくる

事業計画書には、自分のためにつくるものと、人に見せるためにつくるものがあり、この2つはまったく別のものだといいました（25ページ参照）。そして、自分のためにつくる事業計画書はたとえていうと日記で、人にみせるものは手紙だともいいました。

その観点からいうと、これまで説明してきたのは自分のための事業計画書のつくり方とでもいうべきものでした。つまり、人に見せる前の自分の覚え書きで、新聞や雑誌の記者が取材したことを書き留めておく「取材ノート」のようなものです。もっといえば、「マスターデータ」ということもできるでしょう。

したがって、人にみせる事業計画書は、これまでにまとめた「取材ノート」をもとにつくることになります。

人にみせるための事業計画書は、手紙を書くのと同じように、特別の相手に自分の思いを伝えるためのものなので、相手に応じて事業計画書の内容も変えてつくります。結果的に同じものを何度も利用することはありますが、最初から面倒だからといって、事業計画書を1つだけつくり、それを使い回すようなことは決してやらないでください。

A社というベンチャーキャピタルに投資を求める事業計画書ならば、B社でもC社でもなくて、A社だからこそ投資してもらいたいのだということが伝わるような事業計画書をつくります。

X社と事業提携をしたいというのであれば、Y社でもZ社でもない、X社と提携したいのだとわかるように事業計画書をつくるのです。

それなのに、どこから投資を受けても同じだからと、A社に提出した事業計画書と同じものをB社やC社にも提出したり、さらに事業提携をしたいX社、Y社などにも提出したりすると、伝えたい思いが的確に伝わらなくて、思うような結果が得られなくなります。

相手によって重点を置くところが違う

相手によって事業計画書をつくりあげるわけですが、その場合に「マスターデータ」から相手が知りたいことや最低限必要な部分だけを取りだして事業計画書にまとめます。

金融機関から事業資金の借り入れをするのであれば、資金の使い道と返済計画などに関しては詳細な内容が必要になりますが、販路やアライアンスなどについてはそう詳しい事業計画書でなくてもいいはずです。

また、事業提携を求める事業計画書ということであれば、自分のところで扱っている商品の情報や市場については詳しい事業計画書であるべきですが、金融機関にだすような詳細な資金計画や返済計画は必要ないはずです。

このように提出する相手によって、事業計画書の重点を置くところが違ってきます。したがって、マスターデータから必要な項目を引っ張りだして、それに編集を加えて相手に応じた事業計画書をつくることになるのです。

つくった事業計画書を相手に提出してプレゼンテーションを行うときに、あまり詳しく書かなかったことについて質問がでたとしても、あなたはバックヤードに詳細なマスターデータはもっているので、十分に答えることができるはずです。

なお、求人広告をつくって新聞に掲載したい（人の補充）、機械のリースを申し込みたい（モノの補充）、商工会議所に入るための申込書をつくりたい（情報の補充）ということも、事業計画書づくりと同じことです。自分の事業についてのマスターデータをもっているのですから、そこから必要な内容をもってくれば、簡単につくることができるのです。

事業計画書をつくるときの考え方

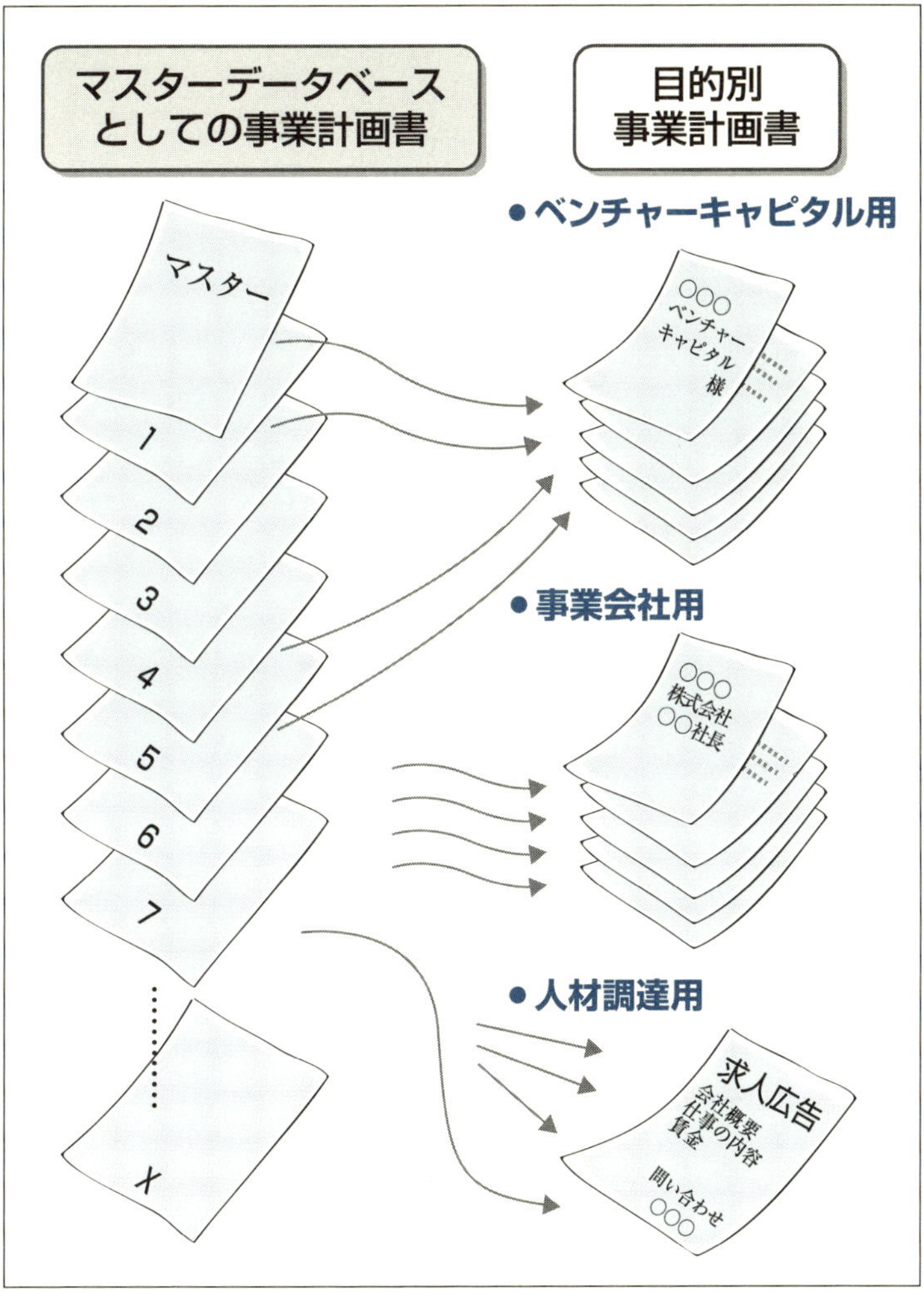

2

事業計画書にはサマリーをつける

分厚い事業計画書だけでは読まれない

事業計画書は内容が詳細に書いてあるほうがいいのかというと、必ずしもそうとはいえないことがあります。

内容が詳細に書いてある事業計画書は、どうしても分厚くなりがちです。それに、ページをくると、中身はどうしても文字や数字のオンパレードになります。あなたはそんな事業計画書を読もうと思いますか。私がベンチャーキャピタルの担当者だとしたら、そんなのを読んでまでお金を貸すのはいやだと思いますね。

事業計画書といって、Ａ４判の用紙１枚しかもってこなかったとしたら、それはそれで「こいつは何を考えているのだ」と思いますよ。しかし、分厚い事業計画書をもってこられて読めといわれるのも、これまた苦痛です。

とくに、社長や担当役員などは忙しいので、最初からじっくりと中身を読むようなことは

エグゼクティブサマリーをつくる

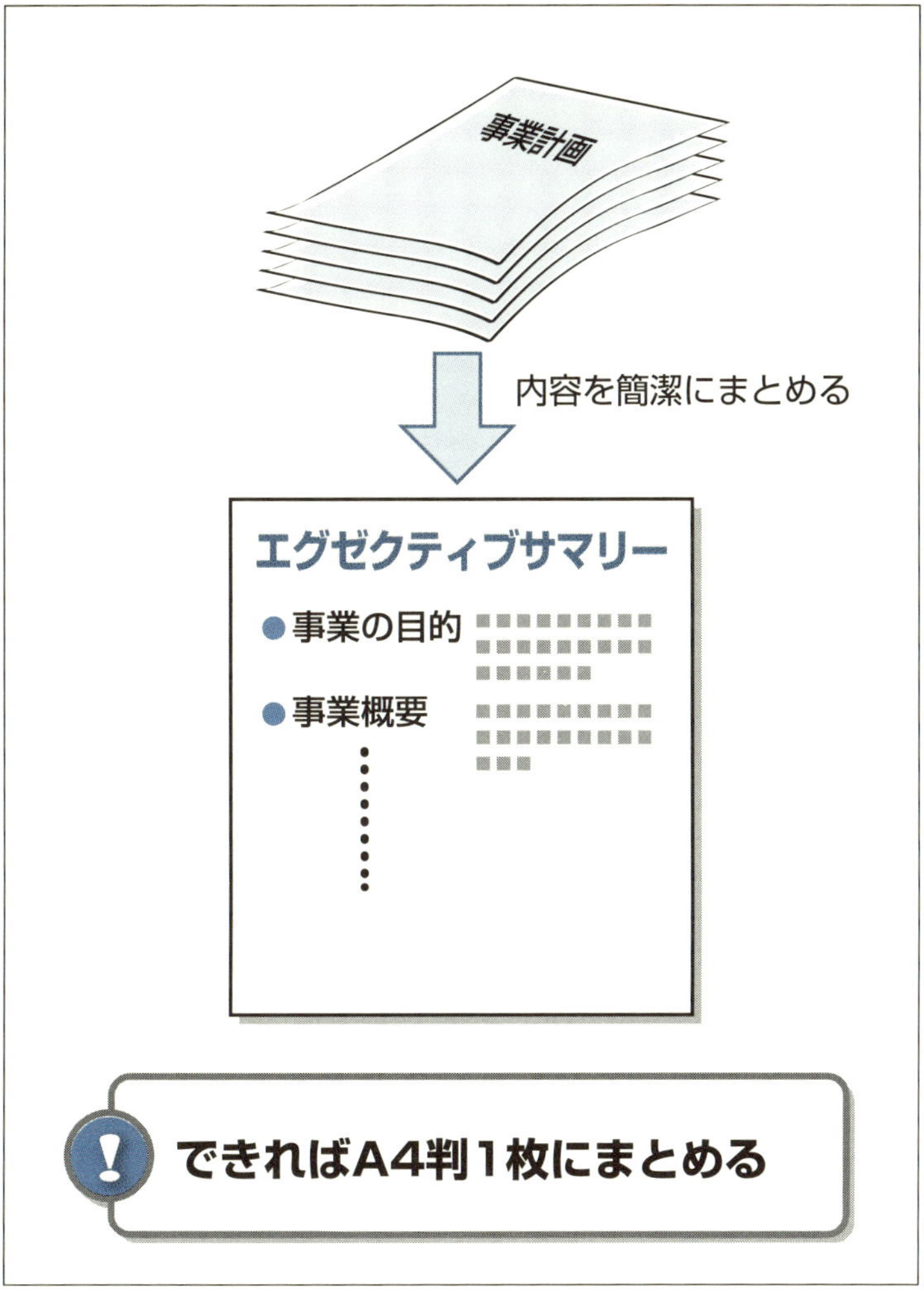

しないでしょう。パラパラとページをめくるだけで、あとは担当者に要約するようにいうか、即座に「却下」と判断を下すか、どちらかです。

サマリーは多くてもA4判2枚までとする

いくらきちんと書いても、読まれないのでは意味がありません。そこで、忙しい社長や役員でもわずかな時間で中身が理解できるように、事業計画書にはサマリー（要約）をつけるようにします。エグゼグティブサマリーはポイント押さえて、できるだけ簡潔に書きましょう。

詳細な事業計画書があるので、エグゼグティブサマリーは相手に伝えたい最小限のことを書くだけにします。できればＡ４判１枚におさえるのが理想です。長くても２枚までとしてください。もしも、事業のキモになるようなビジネスの仕組みがあれば、それを図で表しておくのもいいでしょう。とにかく、簡潔でわかりやすいものにするよう心がけます。

エグゼグティブサマリーを読んでこれはおもしろいとなると、担当者は詳細な事業計画書に目を通したあとで、上司に稟議書をあげることになります。そのときに、事業計画書だけでなく、ほかに資料があったほうがいいと思うときは、稟議書が書きやすいような資料をあらかじめ渡すようにしましょう。担当者の印象が違ってきます。

相手はほとんどがサラリーマンです。少しでも仕事が楽なほうがいいでしょう。

3

「金」を補充するための事業計画書の書き方〈借入金〉

■資金の使途と使用時期を明らかにする

金を補充するには、大きく分けて「借入金」として融資を受ける方法と、「資本金」として受け入れる方法の、2つがあります。これは天と地ほども違う、資金調達の方法です。当然ですが、事業計画書のつくり方も違ってきます。

借入金の場合は、当たり前のことですが、借りたお金については利子をつけて返すことになります。

融資を受けるときは、これまでならば代表者の資産を担保に入れて、それに見合うお金の一定割合まで貸すというのが、金融機関のやり方でした。担保となるのが自宅の土地と建物が主だったので、「土地本位制」と揶揄されてきました。

ところが最近では、ベンチャーキャピタルなどがベンチャー企業のビジネスモデルや技術などを審査して融資をするようになってきたり、銀行などでも知的所有権を担保として融資をするようになってきています。

ちょっと前置きが長くなりましたが、融資を受けようとするときには、事業計画書で調達したお金を何に使うのかということを明確にしておく必要があります。つまり、資金使途のリストをつくっておくということです。

次には、お金をいつつかうのかという使用時期も明らかにしておくことが大切です。何のために、いつつかうのかが明らかになっていて、それが事業を伸ばすうえで必要不可欠なことだと理解できれば、金融機関が貸してくれる確率は高くなります。

来年の6月に設備を買うためにお金が費用だといっておきながら、今年の10月に貸してくれとなったら、貸すほうとしては「設備につかうといっておきながら、本当は当面の運転資金につかわれるのではないか」と疑問になります。

相手に、運転資金につかおうとしているのではないかと思われたら、使用目的が違うという理由で、まず貸してもらうことはできません。

調達後の財務諸表を事業計画書に書く

借り入れをすると、資金繰表にも関係します。借り入れた場合には、会社がこのように変わるということをみせるために、調達後の資金繰表をはじめとする財務諸表を、事業計画書

資本金と借入金の違いを理解する

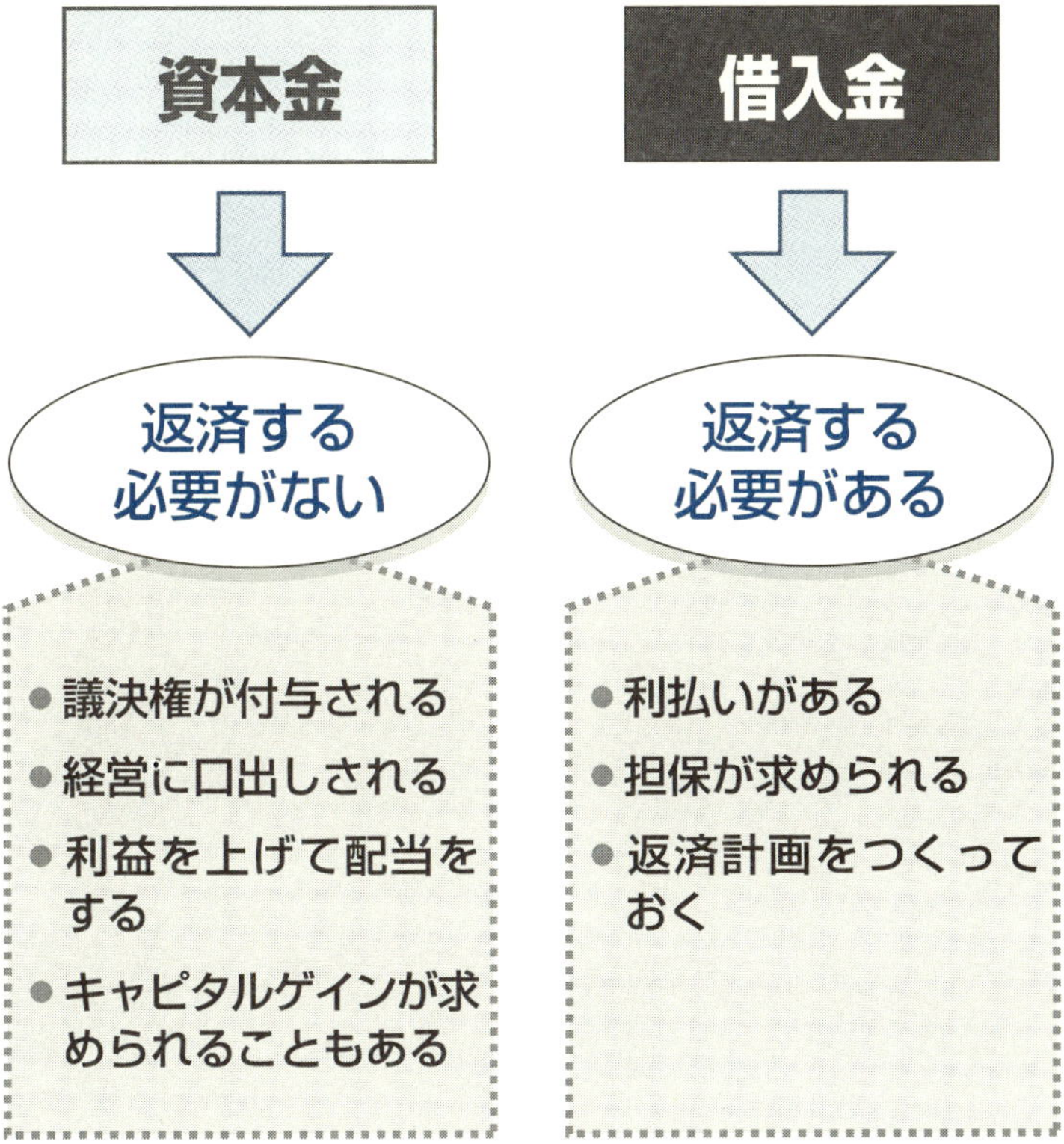
資本金
借入金
返済する必要がない
返済する必要がある
●議決権が付与される
●経営に口出しされる
●利益を上げて配当をする
●キャピタルゲインが求められることもある
●利払いがある
●担保が求められる
●返済計画をつくっておく

経営の自由度を保持するなら「借入金」がいい
多額の資金で返済が容易でないなら「資本金」

に書くことが重要です。

たとえば、設備資金を借り入れて設備投資をすると、生産量が2倍になり、売上げも2倍になって、利益は3倍になるというようなことです。そして、利益のなかから元金と利息をあわせていくらいくら返すことができるので、3年間で完済することができるというように書きます。

金融機関から借り入れをするときは、このように、返し方まできちんと書いてないと、お金を貸してくれません。ここがポイントです。

なお、事業が軌道に乗る成長期は、設備投資に加えて原材料の仕入など先に支払わなければならないものが多くなるため、運転資金が必要になってきます。ただ、売上げが上がって儲かっているときに必要なお金は、前向きのお金なので金融機関では貸してくれます。

しかし、気をつけておかなければならないのが、売上金の回収サイトです。売上げが増えていくと、これまでは販売から売上金の回収までの期間が2ヵ月だったのが、3ヵ月、4ヵ月という取引先も増えてきて、平均すると1ヵ月以上増えることもあります。

このような変化について、資金繰表を短い期間で見直して絶えずチェックし続けないと、資金ショートを起こし、儲かっているのに倒産する「黒字倒産」になってしまいます。この点は十分に注意して、資金の計画をたてましょう。

役立ちシート 借金の返済計画表

借金返済計画（年利8%）の例

（単位千円）

年度	借入金		1	2	3	4	5	残高
期首残	200,000	返済	40,000	40,000	40,000	40,000	40,000	0
		残額	160,000	120,000	80,000	40,000	0	
		利子	14,4000	11,200	8,000	4,800	1,600	
1	20,000	返済	0	4,000	4,000	4,000	4,000	4,000
		残額	20,000	16,000	12,000	8,000	4,000	
		利子	800	1,400	1,100	800	500	
2	20,000	返済		0	4,000	4,000	4,000	8,000
		残額		20,000	16,000	12,000	8,000	
		利子		800	1,400	1,100	800	
3	20,000	返済			0	4,000	4,000	12,000
		残額			20,000	16,000	12,000	
		利子			800	1,400	1,100	
4	30,000	返済				0	6,000	24,000
		残額				30,000	24,000	
		利子				1,200	2,100	
5	40,000	返済					0	40,000
		残額					40,000	
		利子					1,600	
計	330,000	返済	40,000	44,000	48,000	52,000	58,000	88,000
		残額	180,000	156,000	128,000	106,000	88,000	
		利子	15,200	13,400	11,300	9,300	7,700	

4

「金」を補充するための事業計画書の書き方〈資本金〉

出資を受けることは議決権を与えること

資金調達でも、資本金となると、借入金と違って資金を返さなくてもいいというメリットがあります。そのかわりに、会社が儲かるように努力し、株主に対して「配当金」として出資金に見合う金額を支払い続けることになります。

それに、出資を受け入れるということは、出資金の割合に応じては経営に口出しをする権利（議決権）を与えるということなのです。とくに、全体の3分の1超の株式をもてば経営陣の経営方針について、それはダメだという「拒否権」を持つことができますし、50％超ならば実質的にその会社を支配下におくことができます。

だから、資本金トータルの50％超を出資してもらうと、自分は創業者といっても、実質の経営権は50％超を出資している会社（または人）がもつことになります。また、3分の1超の出資を受けている会社があれば、その会社の意向を無視してまで、独自に経営していくこ

出資者は持ち株比率に応じてさまざまな権利がある

持ち株比率	株主権の内容
議決権の1%以上	●株主提案権
議決権の3%以上	●会計帳簿閲覧・謄写請求権
議決権の3%以上(※)	●株主総会召集請求権 ●取締役・監査役の解任請求権 ●整理申立書
議決権の10%以上	●解散請求権
議決権の$\frac{1}{3}$超	●拒否権の発動
議決権の$\frac{1}{2}$超	●経営権の獲得 ●取締役・監査役の株主総会での選任決議 ●取締役・監査役の報酬額の株主総会決議
議決権の$\frac{2}{3}$超	●取締役・監査役解任権 ●有利発行 ●会社の内容を変える重要事項

※6ヵ月間以上継続して保有したとき

とはできなくなるのです。

いわば、経営者は出資者＝株主から資金を預けられて、それを事業によって運用し、株主に利益をもたらしていかなくてはならないというわけです。したがって、資金調達は借入金がいいのか、それとも出資がいいのか、それをあらかじめ検討してから意思決定をする必要があります。

企業価値をどのように増大させるかを明確にする

出資を依頼するときの事業計画書についても、基本は借入金のときと同じです。

しかし、資金をいくら集めて何につかうのか、またそれによって事業はどうなり、出資に見合うリターンが得られるのかなど、借りるとき以上に根ほり葉ほりたずねられます。

株主になることは、貸し付けて債権を持つことよりもリスクが高いわけですから、当然のことでしょう。

出資者は、経営者が企業価値をいかに増大させることができて、株主に大きな利益をもたらすことができるのかということに興味があるのです。そのためには、これらを明確にした事業計画書をつくり、相手に出資してみようと思わせるようにすることです。

5 事業会社と提携するための事業計画書

相手の企業の内容を詳細に把握しておく

銀行やベンチャーキャピタルなどの金融機関ではない、いわゆる「事業会社」から出資を受けたり、事業の提携を申し入れたりすることがあります。

このとき、相手方にしてみれば、これからできる会社、あるいはできたばかりの会社と「何でつきあわなくてはならないの？」という思いがあります。したがって、事業計画書には一緒にやることによって、「こうした効果があり、あなたの会社もこれだけの利益を上げることができますよ」ということをアピールする内容にします。

事業計画書に的確にこのような内容を書くには、相手の会社のことをきちんと理解していなければなりません。相手の会社のことを知らないで、見当はずれの提案をしたら恥をかくだけです。

売上高や利益といった会社の概要を把握するだけでは不十分です。もしも、相手が食品会社だったら、どのような商品を何種類つくっていて、流通経路はどうなっていて、主力の卸は何という会社なのか、徹底的に調べる必要があります。

たとえば、相手方がＩＳＯ１４０００番台を取得していたり、ＨＡＣＣＰの認証を受けていれば、こちらもそれに対応しなければならない場合があります。

そして、あなたの会社と相手の会社が組むことで、どのような効果がそれぞれに期待できるのか、そこを徹底的にリサーチします。

事業提携しようとするときには、相手の会社の経営トップ、社長や専務、取締役などに会うことになります。これは事業計画書に盛り込む内容ではありませんが、そのときには相手の会社の経営理念や経営者のことについて、前もって知っておきましょう。

事業をするうえで魅力的な会社だとしても、経営理念が共感できない会社との事業提携はおすすめできません。経営理念というのは、会社のトップが決めるものです。経営の中枢にいる社長や専務、取締役の性格や能力が会社そのものをあらわしているともいえます。

経営理念が共感できないということは、経営者とも共感できないということなので、そうした会社と事業提携してもうまくいくはずがないからです。逆の立場で考えてもみてください。あなたの経営理念は相手からみられているのですよ。ですから、「経営理念」という形だけのものではなく、自分の考えをきちんと伝えるものとして仕上げてください。

役立ちシート 相手の会社調査表

【調査シートの例】

<table>
<tr><td>会 社 名</td><td colspan="5"></td></tr>
<tr><td>住　　所</td><td colspan="5"></td></tr>
<tr><td>売 上 高</td><td colspan="2"></td><td>経常利益</td><td colspan="2"></td></tr>
<tr><td>取引銀行</td><td colspan="5"></td></tr>
<tr><td>経営理念</td><td colspan="5"></td></tr>
<tr><td>社 長 名</td><td></td><td>生年月日</td><td></td><td>最終学歴</td><td></td></tr>
<tr><td colspan="6">座右の銘

趣味

業界での評価</td></tr>
<tr><td>取扱品目</td><td colspan="5"></td></tr>
<tr><td>流通経路</td><td colspan="5"></td></tr>
<tr><td>取 引 先</td><td colspan="5"></td></tr>
</table>

第 7 章

事業計画のプレゼンをする

1

プレゼンテーションをする意味と目的

相手に伝えることでコミュニケーションをとる

プレゼンテーションを何のためにやるのかといったら、自分の考えを「だれかに伝えたい」からでしょう。これが基本です。ここを押さえておきたいですが、だれかに「話したい」「言いたい」のではなくて、「伝えたい」のだということなのです。

だれかに「話したい」「言いたい」というのであれば、道路の真ん中にでもたって通行人に向かい、話せばいいのです。しかし、自分の思いを「伝えたい」と思うのであれば、伝えたい相手に聞いてもらえるように、話すことが必要なのです。

それでは、聞いてもらうためにはどうしたらいいのでしょうか。

大事なのはコミュニケーションです。事業というのは、多くの人とのかかわりによって成り立つのですから、コミュニケーションなしで行うことはできません。

話すことは一方的であってもいいのですが、伝えるということはコミュニケーションをと

プレゼンテーションを行う目的を知る

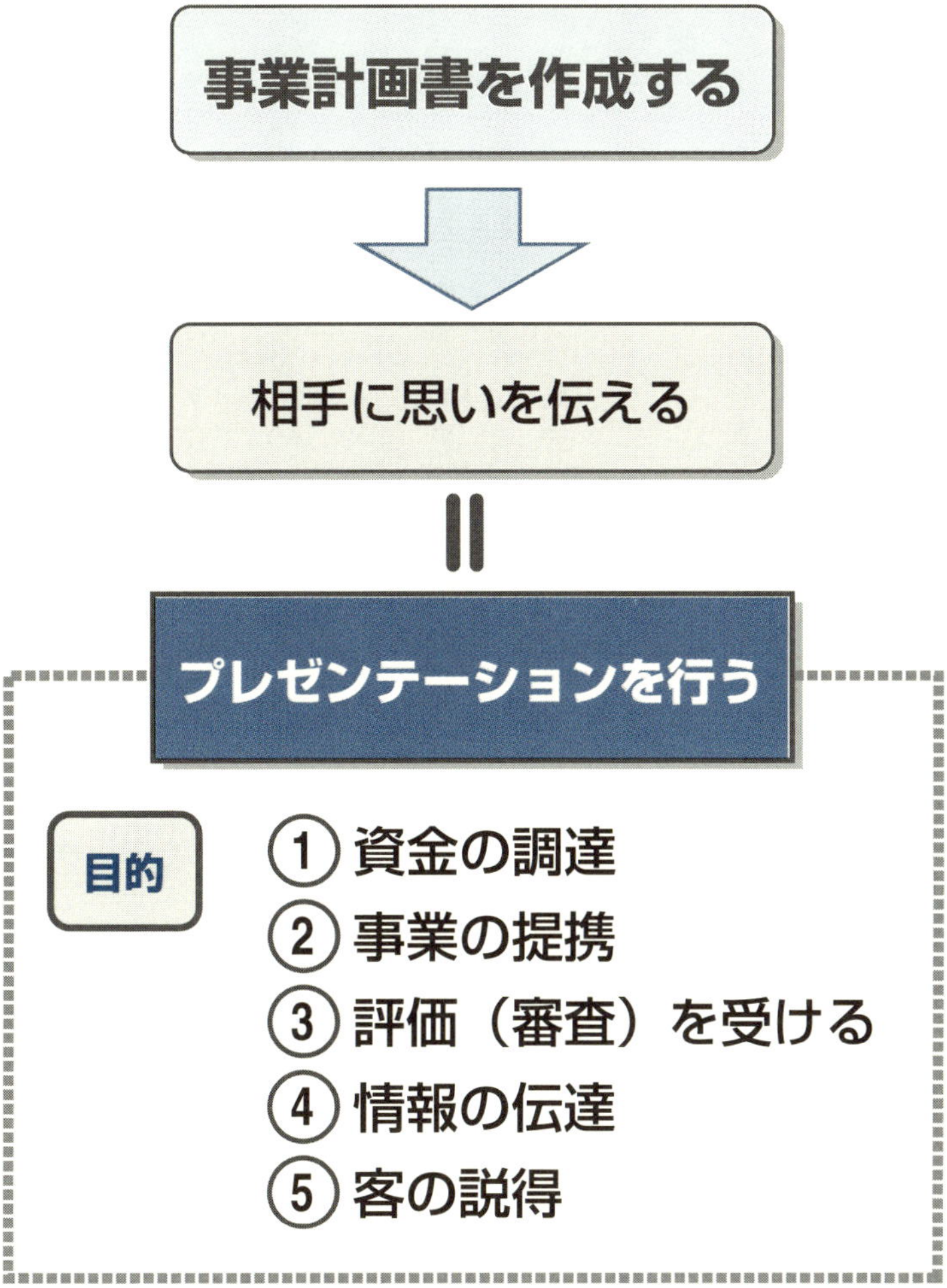

っていくことです。したがって、プレゼンテーションをするときには、相手が理解できるようにすることが大事です。

そして、自分が伝えたいことを理解してもらうだけではなく、相手を動かすことができれば、目的を達成することができます。

■目的は経営資源を補充するため

それでは、プレゼンテーションを行う目的は何なのでしょうか。これをしっかりと考えて行動しないと、言葉だけが響いていて、書類だけが飛び交い、そして時間だけが過ぎていくということになります。

事業計画をプレゼンテーションする目的は、おおむね次のように分類できます。

①資金の調達
②評価（審査）を受ける
③情報の伝達（広告や学会での発表）
④客を説得する

これからもわかるように、プレゼンテーションの目的は「人、モノ、金、情報」という経営資源の補充、そして広告や販売などの自分たちを知ってもらうための活動を行うことであ

プレゼンテーションは「伝える」ために行う

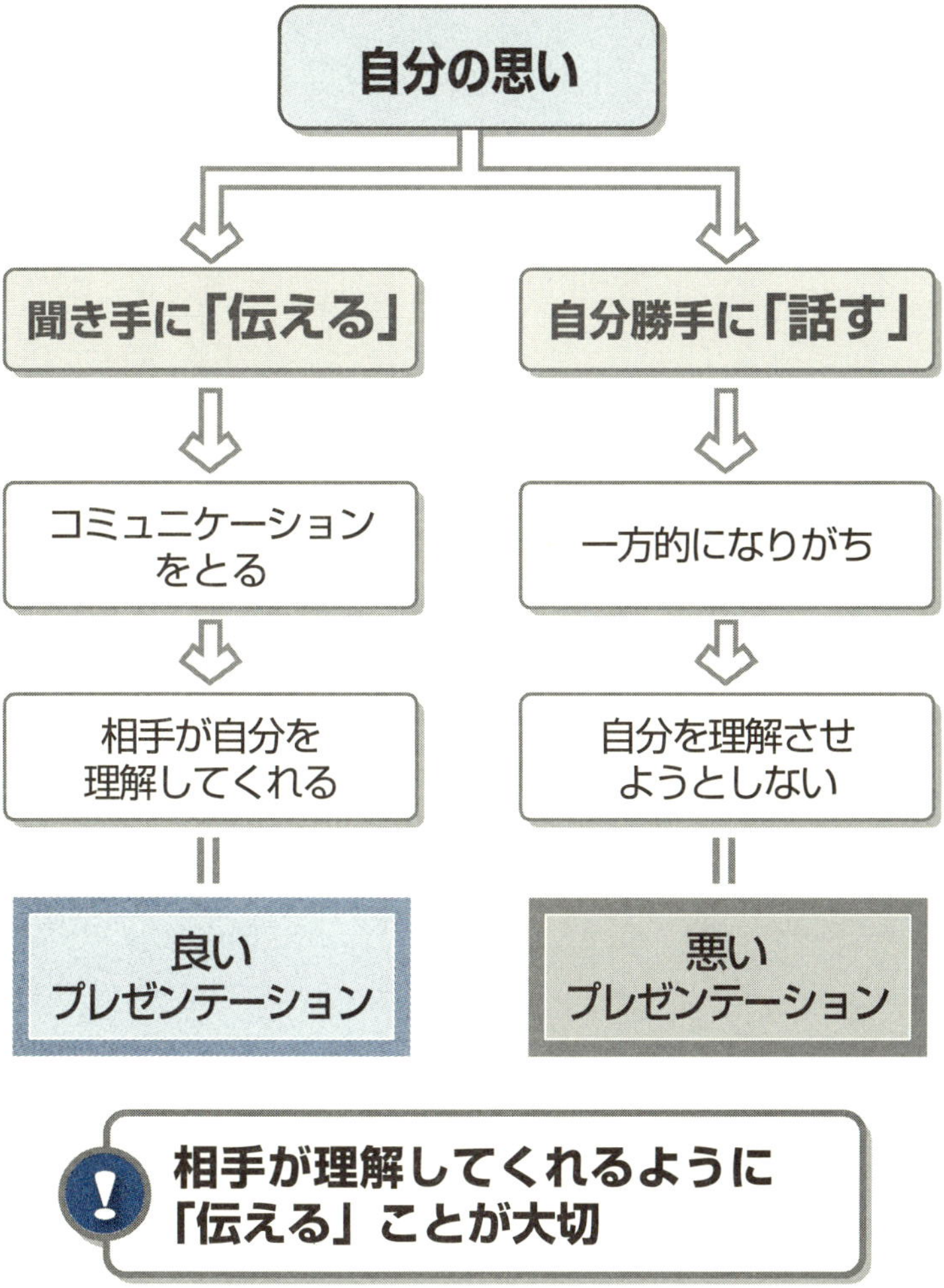

るといえます。

経営資源の補充の場合は、どの経営資源を補充したいのかをわかりやすく伝えることが重要です。なかでも多いのが①の資金調達でしょう。お金を出してもらおうというときに、人材が欲しい、情報が欲しいと力説しても、相手は何をいいたいのかがわかりません。

その場合は、お金を出してもらったら何に使うのか、それは事業においてどのような効果をもたらすのかということを具体的に話せばいいのです。

貸すほうにしてみたら、何に使うかわからないお金をだすわけがありません。だから、設備を買いたい、人を雇うので給料として使いたいと、具体的な用途とそれを実現したときの効果を知ってもらえばいいのです。

自社を知ってもらうため、あるいは商品の広告や販売のためのプレゼンテーションの場合は、経営資源の補充とは逆の考え方をします。相手の会社に自社を経営資源として使ってもらうことを考えるのです。

つまり、相手の会社が補充したいと思っている経営資源を、自分の会社はこうすることでお役に立てますといって、売り込むわけです。

プレゼンテーションの目的は、自分の事業を実現するために、相手の心や体、資産を動かすことなのです。

2 相手にあわせてプレゼンテーションの構成を変える

伝えるべき相手をリサーチしておく

プレゼンテーションは相手に自分の思いを伝えることですが、伝えたい相手を分析しないで行うプレゼンテーションがとても多く見受けられます。だから、どこでやっても同じ内容になり、回数を重ねるごとに話はじょうずになる代わりに、伝えたい内容は希薄になってしまうというプレゼンテーションを聞かされます。

これでは、自分の思いが相手に伝わらないばかりでなく、プレゼンテーションを行うことが逆効果になることもあります。そうならないためにも、伝えるべき相手がどのような人なのかということをあらかじめ調べておきます。そのうえで、その人たちに伝えるようなプレゼンテーションを行います。

調べておきたいことは、プレゼンテーションの対象とする人の業種、役職、年齢、性別、教育レベル、趣味、それと出席する人数などです。国際的に事業を展開したい場合は、国籍や民族性、習慣なども知っておく必要があります。

話のプロである落語家は、まず客席を見渡して、寄席に来場した客の姿形、年齢、性別などをみて、落語の導入部分を変えていくといいます。客の心を最初につかまえて、話を飽きさせないで聞かせるためです。

話のプロでさえそのときの客にあわせて話をするのです。経営資源を補充するために自分の考えを相手に伝えるときは、相手のことを調べて、その人にあわせたプレゼンテーションをすることがいかに大切なことか、わかってもらえますよね。

1対1で話すときのように伝える

プレゼンテーションをするときは、相手によって話す内容を変える必要があります。融資をしてもらおうとして、銀行の支店長と融資担当の課長などを対象にプレゼンテーションをするのに、会社の沿革だとか理念についてばかり熱弁をふるっても、相手には何がいいたいのかが直接伝わらないでしょう。

それよりも、資金を調達してどのような用途に使うのか、その結果事業はどうなって、返済計画はどうなるという内容に焦点を当ててプレゼンテーションをしたほうが、相手には伝わるはずです。

役立ちシート 聞き手の調査表

業　種	（会社名）
人　数	（具体的な人数）
役　職	（社長、役員、役付など）
年	（何歳か）
性　別	（男、女）
最終学歴	（中、高、大卒、専攻は？）
趣　味	（ゴルフをするかなど）
習　慣	（酒、タバコをたしなむかなど）

1つの会社に対して行うときは部署の属性を知っておく

また、自社の商品を販売してくれる会社を探すために行うプレゼンテーションで、資金の調達を行うときと同じような財務面が中心の話をしても、相手からは「資金ならだせん」といわれるだけです。

この場合は、他社の製品と比べていかに使いやすい商品であるかとか、マージン率がいいというように、自社の商品を扱うことによって相手にどのようなメリットがあるのかという点を訴えるほうがいいはずです。

次に話し方ですが、聞き手の人数が1人の場合でも100人の場合でも、そこにいる1人ひとりに話しかけるような思いでプレゼンテーションをします。

テクニカルなことになりますが、1対1で話すときは相手の目をみて話しますね。それと同じで、話ながら相手の目を順番にみて「あなたにこれをわかって欲しい」ということを、1人ずつに伝えるのです。こうすると、いいかげんに聞くわけにはいかないので、聞き手に自分の思いを伝えることができます。

せっかくプレゼンテーションをする機会をもつことができても、メモを持ってそれを棒読みをするとか、特定の「あなた」に話しかけているのではなく、大ホールで有名人が行う講演会のような、聞いていてくれればいいけど聞かなくても仕方がないというような話し方は、決してしないでください。これでは、相手に自分の思いを伝えることはできません。

3 プレゼンテーションの予行演習をしておく

満足できるレベルまで繰り返し練習する

プレゼンテーションがうまくいかない大きな理由の1つが、なれていないことです。だとしたら、なればうまくいく確率が高くなるわけで、実際にプレゼンテーションをする前に、練習をしておけばいいのです。

練習は、できるだけ本番と似たような場所、環境で行います。実際の状況をシミュレーションしておくわけです。

プレゼンテーションをする場所は会議室なのか、あるいは応接室なのか、広さはどれくらいか、出席者はどのような人が何人かなど、あらかじめ相手の会社から聞いておきます。もし、事前に訪問することができれば、場所をみせてもらうのも有効です。

そして、会場とほぼ同じようなセッティングをします。このときには、場所だけでなく、聞き手役の人も人数分そろえば理想的ですが、1人でもいいから聞き役が必要です。そのうえで、当日と同じ内容のプレゼンテーションを行います。

プレゼンテーションのできによっては資金調達ができないことがあるわけですから、1回練習して終わりというのではなく、ある程度満足できるレベルとなるまで何回か繰り返し練習するのが望ましいといえます。

企業は年に最低1回は株主総会を行います。上場企業の株主総会の場合は、議事進行がスムーズに運ぶように最低でも3回は練習を繰り返します。また、こういう質問がでたらどう答えるかという想定問答集までつくっています。

プレゼンテーションの練習でも、想定問答集をつくっておくと、本番のときに心強いものです。

実際の環境に近い設定で練習をしても、本番の場所とは違います。プレゼンテーションの当日は、少し早めに相手の会社に出向き、会場となる会議室や応接室をみておくようにします。こうすると、広さや席の並べ方など、練習と違ったところがあっても、始まる前に余裕を持って修正することができます。

当日やってはいけないことが時間に遅れることです。遅れると、それだけで精神的に負い目を感じます。それに、会場をチェックする時間もなくなるので、余裕を持ってプレゼンテーションをすることができなくなります。

あらかじめ予行演習をする

プレゼンテーションの予行演習をする

本番と似た環境

- 場　所（会議室、応接室など）
- 広　さ（明るさ）
- 出席者（同じ人数でなくてもいい）

本番と同じ内容

想定問答集をつくる

プレゼンテーションの予行演習は最低3回は行う

4

プレゼンテーションに何を期待するのか

結果についてあらかじめ予想を立てておく

プレゼンテーションは、自分の考えを相手に伝えることで、それに対応する反応、すなわち期待する結果があるわけですよね。この結果について、あらかじめ予想しておくことが大切です。そうでないと、今後の役に立ちません。

予想のパターンとしては、「イエス」と「ノー」の2通りがあります。基本的には「イエス」といわせたいものです。

それとは別に、段階的な成果があることもあります。たとえば、いろんな商品を提案したうちで一部が採用されるケースです。本来なら、提案した商品を全部採用して欲しいのですが、イエスとノーの中間で一部だけ採用される場合です。

あるいは、商品は売れなかったけれども、プレゼンテーションで多くの人が商品の情報を頭に入れてくれたので、ほかの機会に売れるかもしれないというのも、結果としては「あり」

結果をあらかじめ予想しておく

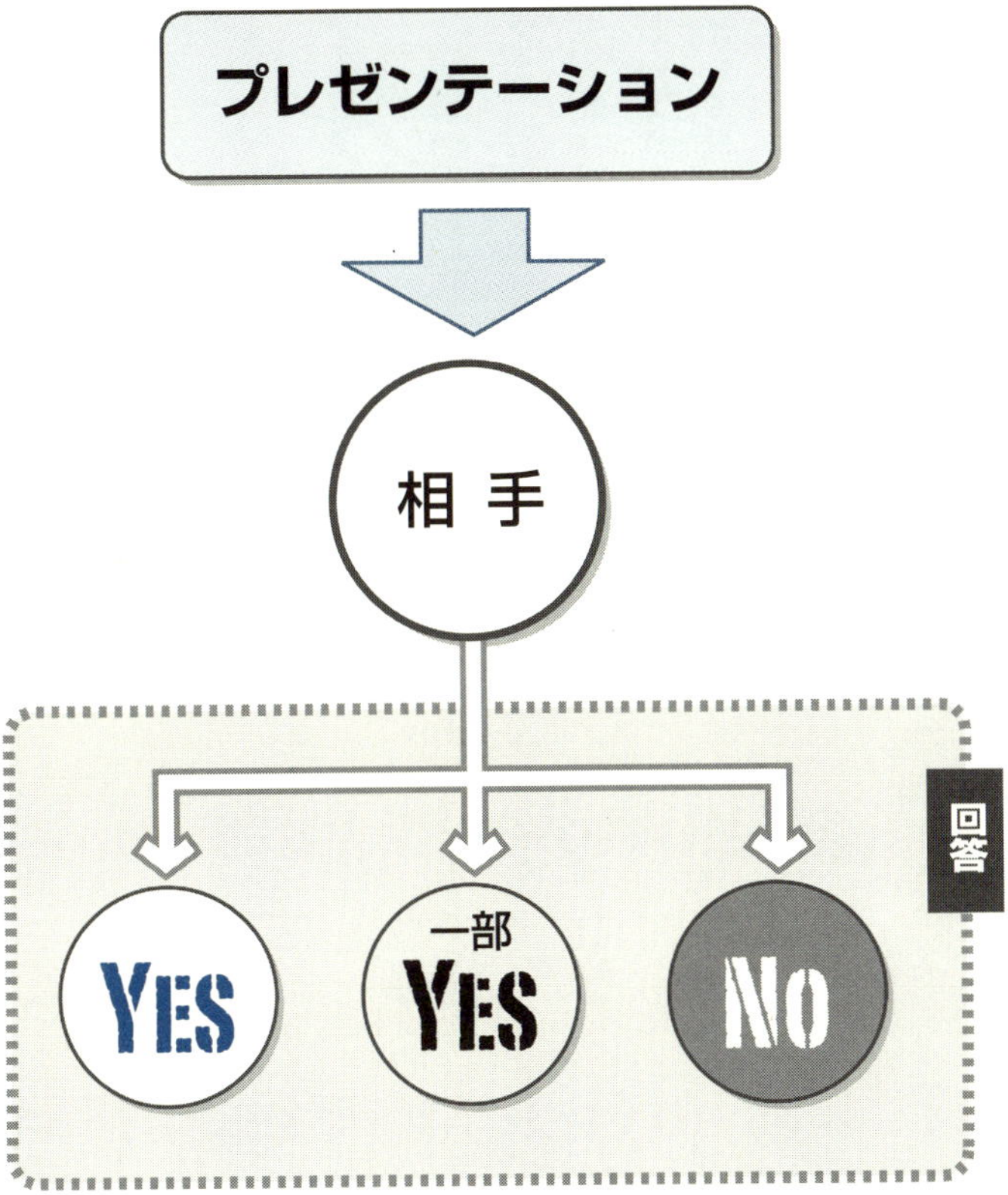

**どのような結果になっても受け入れて、
その対処方法を考えておく**

なのです。

プレゼンテーションというのも交渉ごとの1つです。大事なのは、自分がどういう結果を求めてやっているのかということと、その結果に対して自分としての落としどころをどこに持っていくかということです。自分にとって合格といえる「落としどころ」を心づもりとして持っていてください。

最悪のケースも想定しておく

期待する結果が得られない場合のために、その後の計画まで考えておきます。

プレゼンテーションをして「ノー」という回答があるときもあります。そのときに、ムキになったり、相手とけんかをしても何にもなりません。そうした結果もあると、あらかじめ想定しておいて欲しいのです。

補助金をもらおうというときには、通ったら「儲けもの」みたいなことがあります。いわゆる「ダメもと」です。こうしたことがあるので、ダメだったからといって自暴自棄になったり、先がないといってあきらめないでください。

プレゼンテーションをすれば何が何でも「イエス」と返ってくるのではありませんから、まずいろいろなケースを想定して、それにどう対処するかを考えておくことです。

5 プレゼンテーションの構成を考える

話す内容を3部構成にする

プレゼンテーションをするときに、話の内容をどう構成したらいいのを考えておきましょう。基本的には、話す内容によって3部構成とします。239ページにあるように、第1部は序論、第2部は本論、第3部がまとめです。

第1部では聞き手の注意を喚起して、何について発表するのかを話します。第2部では聞き手に一番聞いてもらいたい内容、プレゼンテーションを行う主目的ですね、これを話します。そして、第3部ではまとめとして何を発表したのかを話します。

一番のポイントは、重要なことは3回話すことです。

人間は忘れやすいものです。昨日の晩に何を食べたのかということもすっかり忘れていることがあります。大事なことだから覚えているだろうという考えは間違いです。プレゼンテーションで話した内容が大事なのはあなたにとってであり、聞き手ではありません。

その聞き手に、覚えておいて欲しいことを1回話しただけでは、頭に残るかどうかは疑問です。3回繰り返してようやく記憶に残る程度です。ですから、まず最初にこんな話をしますといって、話のキモを入れておきます。

たとえば、万年筆を売り込もうとするプレゼンテーションだとしたら、まず万年筆について説明しますと最初にいっておき、万年筆の内容の説明に入ったらいかに優れているかを話します。そして、最後に今日はこの万年筆について説明させていただきましたと、念を押すのです。

しつこいと思われるかもしれませんが、このしつこさによって「万年筆」が聞き手の頭に残るのです。テレビのコマーシャルでも、15秒という短い時間で、3回は商品名を繰り返しています。

ポイントがもう1つあります。プレゼンテーションの締めくくりには、記憶に残る言葉、決めゼリフで話を締めくくってください。テレビの「水戸黄門」で8時44分頃にでるあのセリフ「この紋所が目に入らぬか」と同じような、自分が自信を持っていえるようなフレーズを持っていると、プレゼンテーションの印象がよくなります。

「あいつおもしろいことを話したな」ということが頭に残り、そこから記憶をさかのぼって話の「ツボ」を思い出してもらえることがあるからです。

プレゼンテーションは3部構成にする

第1部
序論

- 何について話すのかを述べる

重要なことをまず話す

第2部
本論

- 相手に聞いて欲しいことを話す

重要なことをここで繰り返す

第3部
まとめ

- 何について発表したかを話す

重要なことを３度目に話す

！ 話の最後には決めゼリフで締めくくる

6 プレゼンテーションソフトはできれば使わない

定型化している説明などはメリットもあるが…

プレゼンテーションのときに、パワーポイントのようなプレゼンテーションソフトを使って説明することがあります。とてもスマートにできるので、最近では使われることが多いようですが、事業計画の説明に本当に有効な手段なのでしょうか。

では、これらのソフトのメリットとデメリットをみておきましょう。

プレゼンテーションソフトが有効なのはどのような場合でしょうか。

内容を定型化できるので、時間と内容の管理ができます。したがって、一定の時間内で同じことを繰り返す商品説明のようなものには有効です。また、同じことを違う場所で違う人間が同時に説明するときも有効で、プレゼンテーションの質を均一化できます。

もっと大きな効果が、相手に考える余地を与えないということです。プレゼンテーションソフトはスライドショーの機能を上手に使うと、次から次へと話を進めることができます。

みせられているほうでは、考えようとすると、イラストが動いたり、言葉が飛びだしたりするので、そちらに気をとられて思考が停止してしまいます。相手の注意を引きながらも、考えさせないのです。これは効果があります。

プレゼンテーションをするのが苦手で、話の間がもたなかったり、時間をもてあましてしまうという人は、プレゼンテーションソフトに助けてもらうことができます。

聞き手の立場からするとデメリットが大きい

反対にデメリットはどのようなことがあるのでしょうか。

プレゼンテーションをするほうからするとメリットになることが、聞き手の立場に立つとデメリットに変わります。商品説明のようなことなら、1から話を聞くことになるのでまだいいのですが、仕事の提案などでプレゼンテーションソフトを使って「この事業の背景は…」などと1から説明をしていったら、きちんと聞いてくれないでしょうね。

とくに、相手が社長だとか担当の役員など、経営者になるような人は相手のペースでものごとがすすめられるのはいやなのです。それに、ふだんは部下から話を聞くとき、要点だけを話させるのが普通です。そのような人が、プレゼンテーションソフトで1つずつ説明されたら、いらいらするだけです。かえって逆効果になります。

一般的に、プレゼンテーションソフトを使って説明しようというときは、室内の照明を落として少し暗くします。そうすると、昼食後すぐの時間帯に説明することになったとしたら、聞き手の何人かは確実にこっくりこっくりと昼寝の時間に入ることでしょう。

また、暗い室内でこのようなソフトを使うと、話し手の顔がみえにくくなります。すると、聞き手は映し出されたスクリーンをみるか、手元の資料に目を落とします。これから事業を始めようとする人は、自分を売り込むことが大切です。それなのに、室内が暗くては自分をみてもらう時間を削ることになります。

こうしたデメリットがあることを認識して、それでもメリットのほうが大きいと判断したときは、プレゼンテーションソフトを使ってもいいでしょう。

どうしても使いたいというときは、プレゼンテーションの最初から最後まで使うのではなくて、その中の商品説明とか現地の写真など、みせることが効果的なものにかぎって使うことをすすめます。こうすれば、聞き手が眠くなったり、いらいらすることなく、メリハリのあるプレゼンテーションをすることができます。

プレゼンテーションソフトを使うときは、あらかじめ相手側にそのような設備があるかどうかを確認しておきます。そして、セッティングには十分な時間の余裕を持って行ってください。こうした面倒な作業をともなうので、私は使わなくてもいいと思っています。

プレゼンテーションソフトのメリット・デメリット

メリット

- スマートに説明ができる
- 説明するほうのペースでできる
- 誰でも同じ内容を説明できる
- 時間を管理できる

デメリット

- メリハリのある説明がしにくい
- 説明が単調になりやすい
- 話を「伝える」のではなく「聞かせる」ことになりやすい
- 説明する人の顔がみえにくい

デメリットよりもメリットが大きいと判断すれば使うことも可。しかし、あまりすすめられない

7 他人の意見をあらかじめ聞いておく

素人が理解できればそのプレゼンは「合格」

プレゼンテーションをする前に、予行演習をしておくといいましたが、そのときには感想を必ず聞いておきましょう。それも、できればプレゼンテーションの内容については、まったくわからないような素人に聞いてください。

素人がわからないようなプレゼンテーションは、難しい日本語を使っているか、それとも専門用語を羅列しているかのどちらかです。

本番のプレゼンテーションの聞き手は、必ずしも全員がその道の専門家ではありません。そういう人たちに自分の考えを伝えることになるので、まったくの素人が聞いて「チンプンカンプンだ」といわれるようだと、プレゼンテーションの内容が相手に伝わらないことになります。

まったくの素人に聞かせて、難しい言葉は出てくるけれども、話している内容はなんとな

プレゼンテーションの事前チェックをする

素人によるチェック項目	
話し方が単調になっていないか	□
専門用語の羅列になっていないか	□
難しい言葉を使っていないか	□
説明するときの表情が暗くないか	□
全体を通して理解できたか	□
「伝えたい」気持ちがでていたか	□

専門家によるチェック項目	
専門用語の使い方は正しいか	□
表現に誤りはないか	□
内容に偏りはないか	□
加えたほうがいいことはないか	□

くわかるといわれたら、そのプレゼンテーションは「合格」といっていいでしょう。

なぜ専門家ではなくて、素人に聞かせるのかというと、専門用語を羅列しているような話し方でも専門家は理解してしまうので、チェック機能が働かないのです。

それに、言葉づかいがどうのということではなくて、話している内容の細部について議論してしまい、プレゼンテーション全体の善し悪しがわからなくなってしまいます。だから、あえて素人に話を聞かせるというわけです。

ただ、自分の専門外の内容について話すときは、その道の専門家に用語や表現はチェックしてもらってください。専門家といってもわざわざお金を払ってまで頼むほどのことではないので、まずは自分よりは詳しいという身近な友人や知人に頼んでみてください。

プレゼンテーションのときに、用語を間違えて使う人がいます。たとえば、リースとローンを混同したり、出資金と借入金を間違えていたり、ということがあります。

多少間違っていても、どうせ専門外のことだからと許してもらえますが、怖いのは間違っていないと受け取られることです。「リース」のことを「ローン」と間違えたときに、「あれはリースのことなのに間違えている」と受け取られるのは問題ないのですが、言葉通りに「ローン」ととられると、全然違う意味になってしまいますよね。この点だけは十分に気をつけてください。

8

質疑応答で相手の反応を見る

落ち着くために腹式呼吸をする

プレゼンテーションになれていない人は、聞き手が心配になってしまうほど、あがったり、とちったりする場合があります。このような状況になっては、内容どころではありません。そのために、予行演習やその他の準備をするわけです。

いよいよ本番のプレゼンテーションを行うという直前には、腹式呼吸をしましょう。腹式呼吸は科学的にも証明されているのですが、落ち着き、リラックスできる効果があります。頭に血が上らないようにしてくれるのです。

また、このときにプレゼンテーションのことを考えていると、「失敗したらどうしよう」だのネガティブなことを考えて、どうしても緊張します。できるだけ関係のないこと、「これが終わったら冷たいビールを飲もう」などと、思っていたほうがいいでしょう。

プレゼンテーションにはいったら、少し大げさと思えるくらいの表情や動作で、身体全体をつかって話し、聞き手を引きつけてください。

また、ときどきジョークも入れてみましょう。しつこいダジャレや下ネタはダメですよ。しかし、ウィットに富んだものであれば、その場を和ませることができるだけでなく、「こいつはおもしろそうだ」と思わせることができます。

答えるときは結論を先に話す

プレゼンテーションが終わったら質疑応答を行います。ここで注意しておきたいのは、相手の質問内容をきちんと理解してから答えるということです。何を聞きたいのかをきちんと把握できないで、勝手に解釈して答えるようなことはしないでください。

質問が終わるか終わらないうちに「ああ、それは…」といって、全然違うことを話し出す人がいます。このような場合は、質問の内容についてきちんと答えられないので、論点をすり替えているとみられ、結局は回答する能力がないと判断されてしまいます。

質問に答える前に、「いまのはこういう質問ですね」と内容を確認し、それから答えればいいのです。そして、答えることができなければ「わかりません」とか「まだできていません」と率直にいったほうが、むしろ好感を持たれます。

質問に答えるときのポイントは、先に結論から話すことです。そのあとで、その理由や経

プレゼンテーションの始めから終りまで

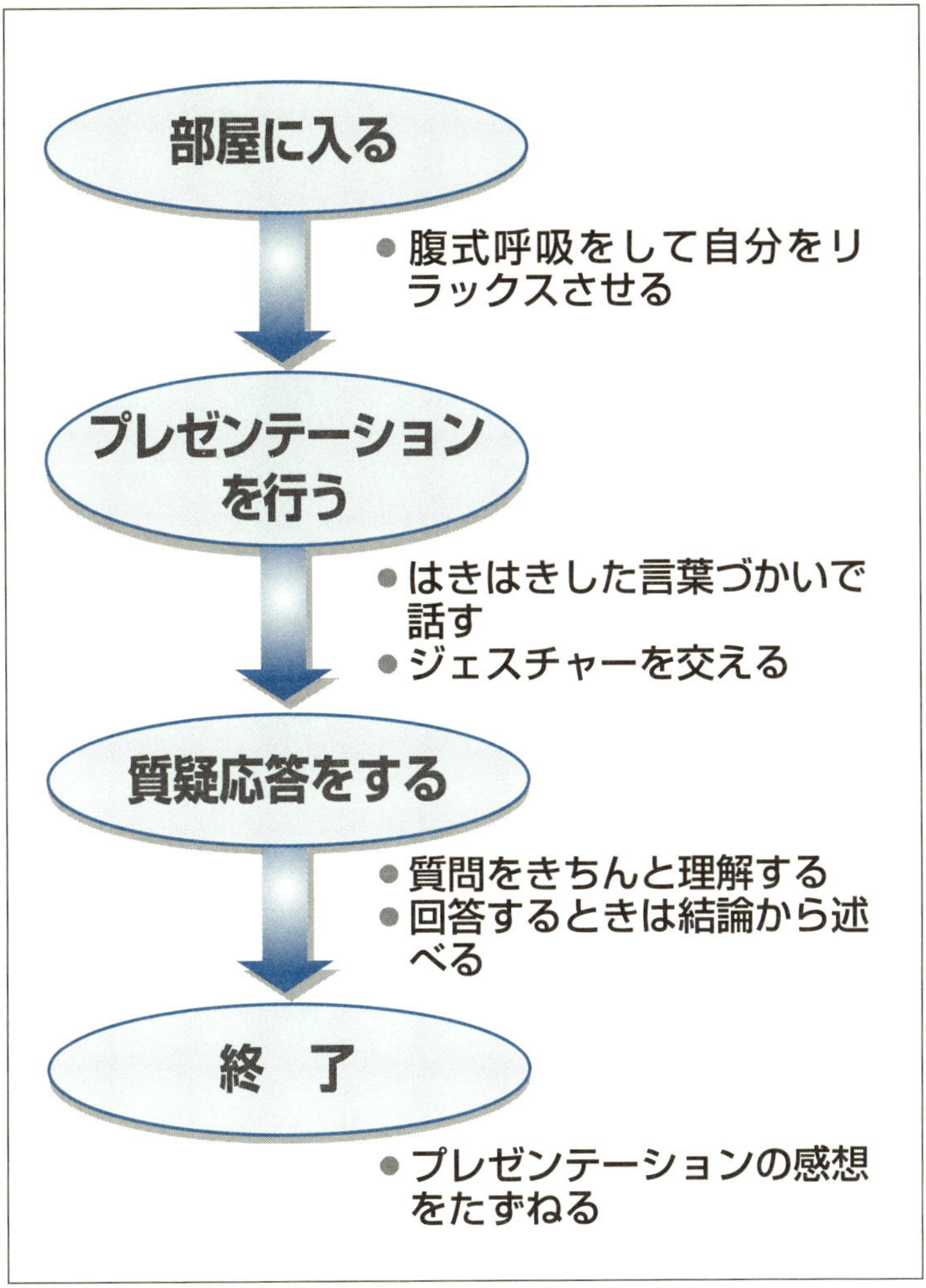
部屋に入る
●腹式呼吸をして自分をリラックスさせる
プレゼンテーションを行う
●はきはきした言葉づかいで話す
●ジェスチャーを交える
質疑応答をする
●質問をきちんと理解する
●回答するときは結論から述べる
終　了
●プレゼンテーションの感想をたずねる

過を説明するようにします。この逆になると、結論までの話が長くなるので、質問したほうは結論にたどりつくまでいらいらしてしまいます。さらに、1つの質問にあまり長い時間をかけないようします。ほかに質問したい人のことも考えて、ポイントを手短に答えます。

また、質問を受けたら、質問した人に返します。Aという人から質問を受けたのに、回答するときはBという人の方を向いて答えても仕方がありません。あくまでも、質問した人に向いて回答してください。

そして、回答し終わったら「この説明でご理解いただけましたか」というように、聞いてみてください。理解していない場合もあります。そのときは、質問者の反応でわかります。そのときに、わからないといわれたときは、どこがわからなかったのかを聞き、その部分についてもう少しわかりやすく説明します。

どうみてもわかっていないと思われる反応なのに、「わかった」と答えたときは、そのままにしてもかまいません。しかし、相手をどうしても口説くのだということであれば、くどくならない程度に、キモの部分を説明するのもいいでしょう。

終了したら聞き手に感想を必ず聞く

意外とできていないことが多いのですが、プレゼンテーションが終わったら、聞き手にさりげなく「今日のプレゼンテーションはどうでしたか」と聞いてみてください。「よかったよ」とか「あまりよくなかった」という返事だったら、どこがよかったのか、あるいはどこがあまりよくなかったのかを、具体的に聞くようにしましょう。よかったところ、悪かったところがはっきりわからないと、次のプレゼンテーションにいかすことができません。

事業計画書の審査会などで、プレゼンテーションが終わったあとに、大胆な人は審査員に「いまのはどうでした？　審査は通りますかね」と聞くことがあります。審査員としては、審査の結果については話すことができなくても、どこがよくて、どこが悪かったのかをアドバイスすることはできます。こうした質問をする人は、審査会での経験を踏み台にして、出資させたり、資金を借り入れることができたりします。

プレゼンテーションは人のためにするのではなくて、自分のためにするものですよね。自分が事業を始めたい、新しい商品を売りたいからするわけです。それならば、プレゼンテーションを自分が成長するためのきっかけとして、毎回何か得られるようにしたいものです。また、プレゼンテーションが終わって結果がでたら、どのような結果であっても、それをしっかりと受けとめてください。それを事業計画の内容、事業計画書のつくり方、プレゼンテーションの仕方にフィードバックし、自分の能力を高めるのです。

巻末付録

「事業計画書」基本フォーマット

事業計画の資料をつくる基本パターン

事業計画を数字に置き換えようとするとき、基本は「単価×数量」で表すことができます。この観点からすると、仕入計画、販売計画、人員計画など、およそすべての事業計画は数字で表すことことができます。

事業計画を数字で表すことが、事業計画づくりの基本です。そのときに使うのが、左ページの表です。タテ軸に「やらなければならないこと」をすべて書きだし、みやすいようにグループ化します。

ヨコ軸には将来に向けた時間の経過を表します。時間の単位は内容によって変える必要がありますが、事業計画の場合は「月単位」で把握するのが一般的です。

たとえば、仕入計画をつくるとしましょう。その場合は、商品ごとに数量と単価を書き入れ、合計金額を出していきます。すべての商品について仕入単価と数量を書き入れて合計金額をだし、それを集計すれば仕入計画をつくることができるのです。

この表は事業計画づくりの基本パターンとなります。さまざまな計画で使ってみてください。

事業計画　資料づくりの基本パターン

やらなければならないこと	計画単位	月	月	月	月	月	月
	金額						
	数量						
	単価						
	金額						
	数量						
	単価						
	金額						
	数量						
	単価						
	金額						
	数量						
	単価						
	金額						
	数量						
	単価						

○○○○○○　様

○○○○○○
事業計画書

20XX年mm月dd日
株式会社○○○○○○○

☆表紙は最初に見るものであり、印象が大切です。何もないシンプルなデザインでもよし、商品の写真を入れて印象づけるもよし。あなたのセンス次第です。
☆連絡先を表紙あるいは、事業計画書の最後など、わかりやすいところに書いておくこと。
☆法人化されていない場合は、個人名を記載。

事業計画書を製本する

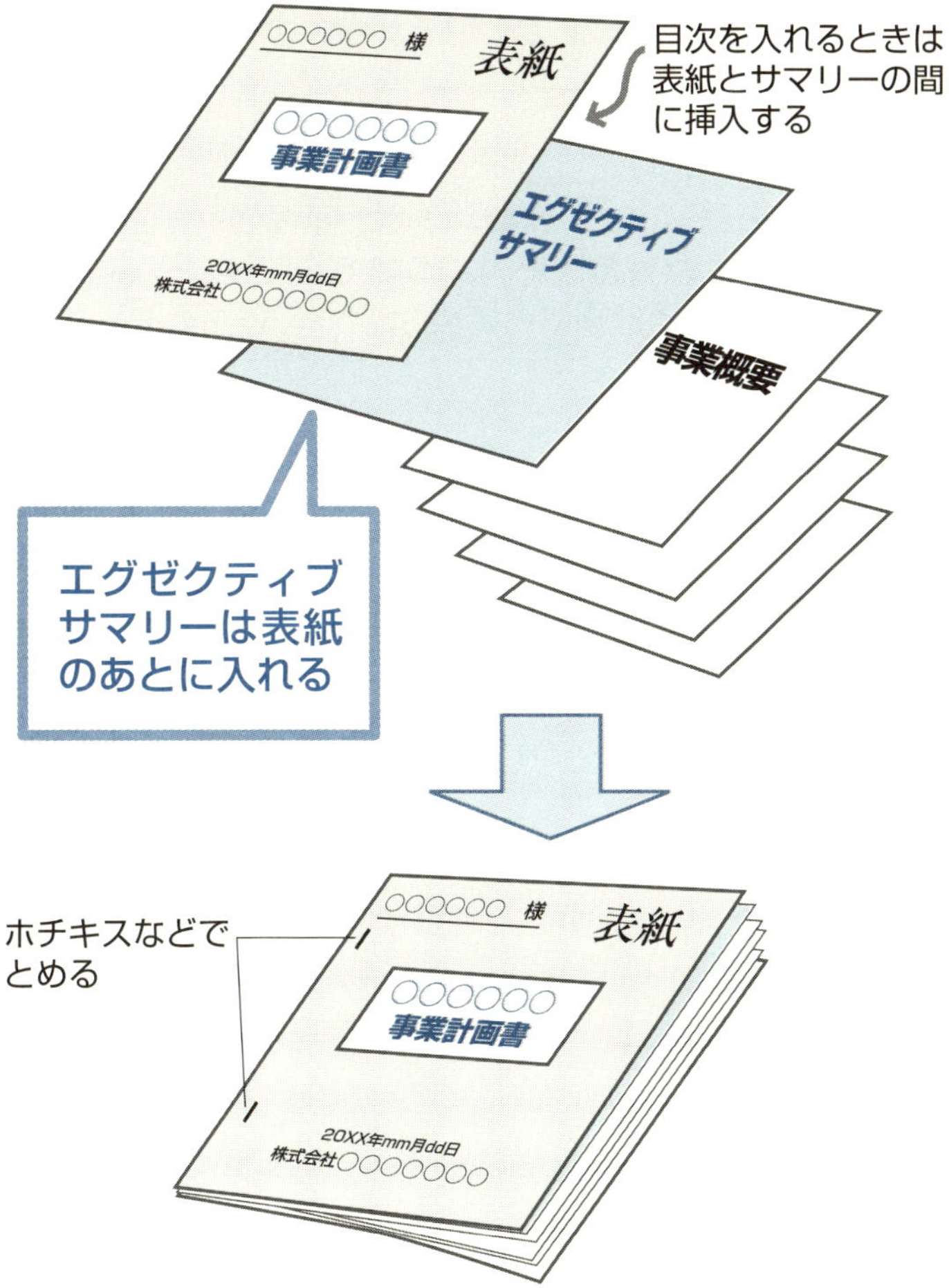
○○○○○○ 様
表紙
○○○○○○
事業計画書
20XX年mm月dd日
株式会社○○○○○○○
目次を入れるときは表紙とサマリーの間に挿入する
エグゼクティブサマリー
事業概要
エグゼクティブサマリーは表紙のあとに入れる
ホチキスなどでとめる

5 資金需要と調達方法

- 今後の計画で必要となる資金について具体的な金額を示し、その資金使途およびそれによる効果を説明する。
- 調達するタイミング、調達先の候補、調達状況、調達についての現状などを説明する。
- 調達した資金がどのような方法でリターンされるのか、返済計画や上場・配当計画の概略を説明する。

6 財務計画

- 売上げや利益見込みについて、１年から5年くらいの期間で説明する。
- 数字の根拠は明確にする。

7 予想されるリスク

- 予想されるリスクを明確にする。
- それに対する準備や対応策を記述する。

8 まとめ

- 簡単なまとめの言葉を添える。

エグゼクティブサマリー

1 事業計画提案の趣旨

- なぜこの事業計画書をつくり、みてもらうのかを書く。
- この部分だけを別紙あるいは手紙にすることもあるが、どのような目的で書いているのかを知らせることが重要である。

2 事業内容

- 提案する事業における商品やサービスの特徴、競合に対する優位性などを簡単に説明する。
- それらをどんな仕組みで、どのように供給していくのかというビジネスモデルを説明する。
- 事業に関する課題とそれに対する対応策。
- 事業化の可能性。

3 代表者および経営メンバー

- 代表者や経営メンバーの経歴や背景、経営陣としての能力などを説明する。
- この経営チームが、事業を計画通りにやりとげることが可能であることを説明する。

4 市場についての展望

- 市場の規模や市場のおけるプレイヤーの状況を説明する。
- 商品、サービスの優位性や独自性が市場獲得や開拓にどのように影響するのかなどを中心に、目標とするシェアや市場での地位について予測する。

作成日　　年　　月　　日

1 事業概要（➡2章・3章参照）

事業の内容	●業種 ●製品やサービスの内容 ●ビジネスモデルなど
事業開始日	200X年○月○日　開業予定
開業の目的や動機	●自分の意思や志 ●社会やマーケットのニーズ ●きっかけとなった身近な出来事 ●あなたが行う必然性 ●仕事として選んだ理由（継続して続けていく決意）など
独自性	●独自のノウハウ　●自分なりの工夫 ●特許など知的所有権の有無　など　※
優位性	●これまでの経験　●パートナー ●人脈　●その他競合に勝つ要素　など
事業の課題と解決の方向性	●事業の実施に当たって想定される課題や自社の弱みは何か ●その課題をどのように解決していこうと考えているのか

※特許などの情報を記載した場合、その資料を最後に添付すること。

【会社概要】※

●会社名	●代表取締役・設立年月日	●本社所在地
●資本金	●株主の状況	

※すでに法人ができている場合は会社についての情報を最初に書いておく

2 企業理念・経営方針（➡プロローグ4節、5章4・5節参照）

- 理念はしっかりと考えて書くこと
- 環境経営など、これから関係ができる企業や個人にも影響を与える会社の方針などを明示しておく

3 経営者経歴（➡2章1・2節参照）

【代表取締役略歴】

年　月　日	内　　容
○○年○月 ○○年○月	記入する内容 ●学歴･職歴など一般的なこと ●事業を行うために必要な資格など ●その他　事業にプラス（資源）となるような活動など

【取締役などの経営者略歴】

年　月　日	内　　容
○○年○月 ○○年○月	記入する内容 ●基本的には代表取締役と同じ内容 ●本事業に取締役として参画することになった情報があるとよい

【マネージメントチームの特色】

- チームの特色
- メンバーそれぞれの役割
- 事業計画を実現に導くためのチームとしての能力
- パートナーを組むに至った経緯　　など

☆個人事業の場合では、経営者の経歴を事業計画書の最後になるよう編集したほうが書きやすい場合があるので、この雛形にとらわれないこと。

4 組織図

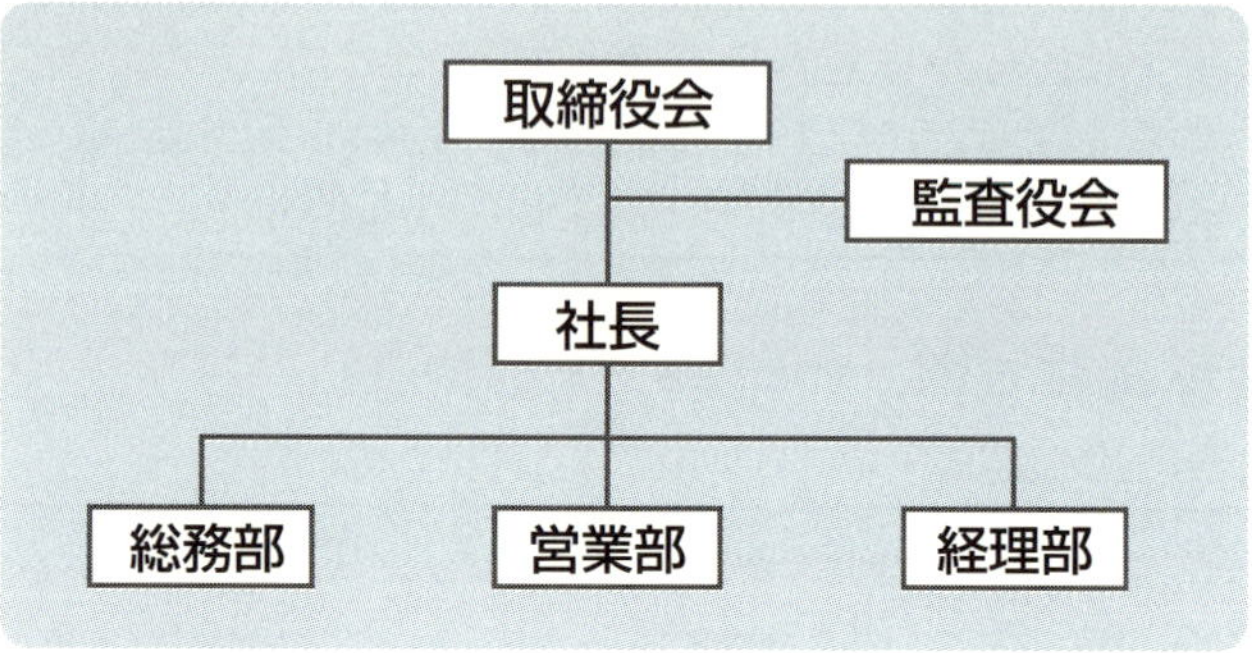

☆少人数で兼務ばかりの状態のときは、組織図を書かないほうがよい。

5 販売計画

【月次販売計画表】

商　品	計画単位	4月	5月	6月	7月	8月	9月	合計
○○○-no.1	金額(円)							
	数量(個)							
	単価(円)							
○○○-no.2	金額(円)							
	数量(個)							
	単価(円)							
合　計	(円)							

☆月次の販売計画まで必要ないときは、上の表を年度別にして利用する。
☆業態に応じて商品別だけでなく、顧客別や支店別などの計画に変更する。

5 販売計画（➡3章、4章5節参照）

【販売概要】

販売方法	●店舗販売、ネット通販などどのような販売方法をとるのか ●代理店など販路はどのようにするのか
営業時間	●24時間営業する、土日しか営業しないなど販売をどのような時間で実行していくのか
販売・決済条件	●現金販売、掛売り（締め払いの条件）、クレジット販売など
その他	

【マーケット】

販売先	販 売 方 法	実現できる根拠
想定顧客	●個人を対象とするのか企業を対象とするのか	●マーケティング・データなど
想定マーケット	●新規市場か代替市場か ●マーケットのサイズ（全体とターゲットにするマーケットのサイズ、その中で目標を示す） ●マーケットの場所 ●競合の状況	●判断した理由

【販　路】

代理店など	●販売の仕組み、物の流れ ●お金の流れ（決済方法、マージン率など）	●代理店募集方法 ●代理店の要件など

【月次販売計画表】（➡4章5節）

右ページ下の図参照

6 仕入計画（➡4章5節参照）

仕入先	仕入れ方法	実現できる根拠
原　材　料	●取引先 ●ロット ●頻度 ●決済条件　など	●とくに決済条件について資金繰りとの関係で矛盾しないようにする ●量、金額ともに安定した仕入れが可能かを確認
製　　品	●取引先 ●ロット ●頻度 ●決済条件　など	●製品の寿命を考慮した仕入計画となっているか

【仕入計画】

商　品	計画単位	4月	5月	6月	7月	月	月	年合計
	金額(円)							
	数量(個)							
	単価(円)							
	金額(円)							
	数量(個)							
	単価(円)							
	金額(円)							
	数量(個)							
	単価(円)							

☆月次計画にするか年次計画にするかは、販売計画にあわせる。
☆商品名の欄　商品について加工などを伴わない販売の場合は、販売計画と項目をそろえる。加工や組み合わせがある場合は、仕入先別や原材料別などの仕入計画としてもよい。

7 人員計画（➡4章6節参照）

【人員計画】

職　種	創業時	年度	年度	年度	年度	年度
増加人員数　正社員						
増加人員数　パート						
増加人件費						
総人員数						
総人件費						

☆短期間で人員が変動するような事業では、月次計画のほうがわかりやすい。

8 損益見込み（➡4章参照）

【損益見込み】パターンA（不確定要素が多いとき）

		立ち上げ時	目標（○ヶ月後）	根　拠
売上高				単価×数量 １日の売上げ×営業日数
売上原価				単位あたりの原価×数量 売上げ×原価率（%）
粗利				
経費	人件費			時間単価×延べ時間（人数×時間）×日数
	家　賃			
	光熱費			
	支払利息			
	合　計			
利　益				

☆個人事業の立ち上げなど、不確定要素が多く詳細を計画することに無理があったり、詳細な計画しても数字に信頼性を得られないような状況のときはこの程度の計画でよい。

☆「経費」、「利益」としてあるが、さらに詳細を書けるときは変更してもよい。

【損益見込み】パターンB（詳細な計画がつくれるとき）

月次損益計画表

○○年○月～□□年□月

		月	月	月	月	月	月	月	月	月	月	月	月	計
売上高														
売上原価														
売上総利益														
販管	人件費													
	家　賃													
	光熱費													
合　計														
営業利益														
雑収入														
その他営業外収益														
支払利息														
その他営業外費用														
経常利益														

9 損益分岐点（➡4章2節参照）

限界利益率	%
損益分岐点売上高	円
損益分岐点の仕事量（営業時間、販売個数、顧客数等）	

☆ビジネスモデルを説明するために損益分岐点を示したほうがわかりやすいときなどに記載する。

10 資金調達方法（➡4章7・8節参照）

必要資金	金　額	調達方法	金　額
事務所、店舗、工場など ●不動産取得、賃貸関連 ●契約費用 ●保証金など	円	自己資金	円
設備にかかわる資金 ●事務機器 ●機械 ●備品など	円	知人などからの出資	円
運転資金 ●仕入れ資金 ●経費 ●人件費など	円	銀行からの借入れ （返済期間、毎月の返済額）	円
その他開業に必要な資金 ●権利関係 ●手続き関連	円	その他の借入れ	円
合　計	円	合　計	円

☆不動産取得のために借り入れるなど資金使途と調達が対応している場合は、対応させて書いたほうがわかりやすい。
☆調達方法について、すでに調達できたもの、調達のメドが立っているもの、まだ確定していないものがわかるように書く。

11 予想されるリスク（➡5章参照）

リスクに対する方針	● リスクに対する会社としての方針を明確にする
予想されるリスク	● 事業計画を変更せざるをえなくなるような重要なリスク情報は漏らさずに書く ● リスクを内容や程度によりわかりやすく分類する
準備や対応策	● リスクの発生を未然に防ぐための体制や仕組み ● 予想するリスクが発生した場合の対応策について具体的に書く

12 まとめ（➡プロローグ3節参照）

事業計画書全体について簡単にまとめ、見せる相手に対して最後に訴えたいことが明確になるように書く。

13 添付資料

①資金繰表（➡4章3節参照）

○○年○月～□□年□月

	月	月	月	月	月	月	月	月	月	月	月	月	計
期首現金													
売上回収													
その他													
入金合計													
仕入支払													
経費支払													
その他													
出金合計													
現金過不足													
借入金													
その他													
合　計													
設備等投資資金													
借入金返済													
その他													
次月繰越													

☆資金繰表は、本当に提出する必要がある相手の場合だけつければよい。
☆項目は使いやすいように変更する。
☆起業して間もない時期やプロジェクトの立ち上げ時には日次の計画が必要な場合もある。

②その他添付資料

○事業の内容やマーケットなどを裏づける客観的な資料
（➡3章参照）
- 必要最低限に絞り込むこと

○特許等の知的所有権に関する資料
- 知的所有権の登録申請をしていないものは、絶対に外部に発表しないこと。

○必要資金の根拠となる見積書や調達先の資料

○事業を具体的にイメージするための資料
- 店舗図面、製品イメージ図、サンプル等

㊟ ページ数が多くなる場合、表紙の次のページに目次をつけるほうが読みやすくなる。つけるかつけないかは読み手の立場で判断すること。

〔著者紹介〕
竹内　裕明（たけうち・ひろあき）

◉――1960年生まれ、関西学院大学法学部卒業。先端起業科学研究所所長、株式会社ベルパーク監査役、株式会社ジャパンプロスタッフ監査役、株式会社生体分子計測研究所監査役、NPO法人日本オンラインカウンセリング協会理事。
◉――大手ノンバンク関連会社で不動産業、知的所有権などを担保とする事業融資、通信関連の事業に従事、その後、シダックスグループの起業家育成機関の志太起業研究所にて志太起業塾の運営や志太基金の投資などを担当。2002年7月に先端起業科学研究所を設立、現在、所長として、大学発ベンチャーから個人の起業家まで新規事業の立ち上げのフェーズを専門として支援をしている。
◉――主な公職に科学技術振興機構プレベンチャー事業選考評価委員、大学等発ベンチャー創出支援事業委員、新エネルギー・産業技術総合開発機構技術評価委員、経済産業省グリーンサービサイジング・モデル事業委員、長野県コモンズ新産業創出事業審査委員、情報通信研究機構情報通信ベンチャー支援センター起業家経営塾講師、など。
◉――主な著書に「販路開拓成功マニュアル」（東京商工会議所=共著）、「実践マーケティング」（かんき出版）などがある。

URL　aesi.jp
Mail　info@aesi.jp

事業計画《じぎょうけいかく》がしっかりつくれる本　〈検印廃止〉

2005年9月20日　第1刷発行
2010年10月13日　第6刷発行

著　者――竹内裕明©
発行者――境　健一郎
発行所――株式会社　かんき出版
東京都千代田区麹町4-1-4　西脇ビル　〒102-0083
電話　営業部 03(3262)8011㈹　総務部 03(3262)8015㈹
編集部 03(3262)8012㈹　教育事業部 03(3262)8014㈹
FAX　03(3234)4421　振替　00100-2-62304
http://www.kankidirect.com/

印刷所――大日本印刷株式会社
組　版――有限会社きゃら

ISBN978-4-7612-6282-2 C2034